PUBLIÉ SOUS LA DIRECTION
DE LA
SECTION HISTORIQUE DE L'ÉTAT-MAJOR DE L'ARMÉE

UNE OPÉRATION MILITAIRE D'EUGÈNE ET DE MARLBOROUGH

Le forcement du passage de l'Escaut en 1708

PAR
Maurice SAUTAI
CAPITAINE AU 5e RÉGIMENT D'INFANTERIE
DÉTACHÉ A LA SECTION HISTORIQUE

PARIS
LIBRAIRIE MILITAIRE R. CHAPELOT ET Cie
IMPRIMEURS-ÉDITEURS
30, Rue et Passage Dauphine, 30

1905

UNE OPÉRATION MILITAIRE

D'EUGÈNE ET DE MARLBOROUGH

PARIS. — IMPRIMERIE E. CHAPELOT ET Ce, 2, RUE CHRISTINE.

PUBLIÉ SOUS LA DIRECTION
DE LA
SECTION HISTORIQUE DE L'ÉTAT-MAJOR DE L'ARMÉE

UNE OPÉRATION MILITAIRE
D'EUGÈNE ET DE MARLBOROUGH

Le forcement du passage de l'Escaut en 1708

PAR

Maurice SAUTAI
CAPITAINE AU 5e RÉGIMENT D'INFANTERIE
DÉTACHÉ A LA SECTION HISTORIQUE

PARIS
LIBRAIRIE MILITAIRE R. CHAPELOT ET Cie
IMPRIMEURS-ÉDITEURS
30, Rue et Passage Dauphine, 30

1905

Portraits d'Eugène et de Marlborough.

(Extraits de l'*Histoire militaire* de DUMONT.)

UNE OPÉRATION MILITAIRE

D'EUGÈNE ET DE MARLBOROUGH

Le forcement du passage de l'Escaut en 1708.

Situation de l'armée française et de celle des alliés au début de novembre 1708. — Peu d'entente, au camp du Saulsoy, près de Tournai, entre Vendôme et le duc de Bourgogne. — Accord parfait entre le prince Eugène, qui fait le siège de la citadelle de Lille, et Marlborough, qui couvre ce siège avec une armée d'observation. — Conseil de guerre du 3 novembre, au Saulsoy. — L'armée française renforce sa position sur le canal de Gand à Bruges, et sur l'Escaut, de Gand à Tournai. — Dangereuse dispersion de nos forces. — Couvert par la position de notre armée, qui interdit aux alliés toute communication avec la Hollande et le Brabant, l'électeur de Bavière, Max-Emmanuel, entreprend d'enlever Bruxelles par une attaque brusquée. — Il réunit à Hal quatorze bataillons et dix-huit escadrons et se présente, le 23 novembre, devant la capitale du Brabant. — Marlborough et Eugène marchent sans retard au secours de cette ville. — Leur plan habilement concerté. — Confiance entière de Vendôme dans la barrière de l'Escaut. — La nuit du 26 au 27 novembre, Eugène et Marlborough forcent le passage du fleuve en deux points, en amont et en aval d'Audenarde. — A cette nouvelle, l'électeur de Bavière, qui vient d'échouer à l'attaque du chemin couvert de Bruxelles, abandonne son canon et ses blessés et se retire précipitamment vers Mons. — Issue désastreuse de la campagne de 1708. — Seule, la défense de Boufflers dans Lille sauve l'honneur de nos armes.

Au mois de novembre 1708, en dépit de l'approche de l'hiver, la campagne de Flandre était loin d'être terminée. Tandis que le prince Eugène, maître de la ville de Lille le 22 octobre, poursuivait le siège de la citadelle de cette ville héroïquement défendue par Boufflers, et que Marlborough, établi à Rousselaëre (1), à peu près à moitié route entre Bruges et Menin, couvrait avec une armée d'observation les opérations des assiégeants, l'armée française, décrivant un immense arc de cercle depuis Leffinghe, sur le canal de Nieuport à Ostende, jusqu'à Tournai, occupait tous les passages du canal de Bruges à Gand et ceux de l'Escaut depuis Gand jusqu'à Tournai, à l'exception de la petite ville d'Audenarde qui demeurait au pouvoir des alliés. Toutefois cette place, masquée par un corps d'observation, ne permettait pas à nos ennemis de communiquer avec leurs places du Brabant, Ath et Bruxelles, si bien que l'opinion publique, jugeant d'après les apparences, voyait déjà les alliés enfermés sur la rive gauche de l'Escaut dans les mailles d'un filet d'où ils ne pourraient s'échapper.

On se flattait même en France que la conquête de Lille deviendrait inutile aux alliés. La poudre n'arrivant plus aux assiégeants ni d'Ostende ni de Bruxelles, force était au prince de Savoie de réduire la citadelle à la sape sans pouvoir faire usage de son artillerie et mettre à profit la détresse de son adversaire, obligé lui aussi de ménager sa poudre dont il ne lui restait que 50 milliers en entrant dans la citadelle. Pour réunir les grains et les fourrages nécessaires à la subsistance de son armée et de celle du prince Eugène, Marlborough était obligé d'envoyer des détachements dans le Furnembach et la châtellenie de Cassel, comme aussi de pousser des incursions jusque dans l'Artois par les postes de Saint-Venant et de la Bassée. Les réquisitions opérées par ces détachements avaient permis de faire face aux besoins les plus pressants, mais l'épuisement du pays à la gauche de l'Escaut et son peu d'étendue ne permettaient pas

(1) Ou Roulers. Voir la carte : *Campagne de 1708 en Flandre.*

aux alliés d'y constituer des magasins et d'y faire choix de quartiers d'hiver sans jonctions avec leurs places, sans ressources pour recruter leur armée et munir leur nouvelle conquête, Lille, et il était aisé de prévoir qu'à peine débarrassés du siège de la citadelle, ils tenteraient de rétablir leurs communications avec la Hollande et l'Allemagne en s'ouvrant un passage soit sur le canal de Bruges à Gand, soit sur l'Escaut, de Gand à Tournai.

Les généraux français comptaient leur disputer avec succès ce passage de rivière. Depuis le 17 septembre, date à laquelle notre armée, renonçant à se mesurer avec l'ennemi dans la plaine d'Ennetières, au Sud de Lille, s'était repliée sur la rive droite de l'Escaut, tous les projets de Vendôme et du duc de Bourgogne avaient été subordonnés à la garde du canal de Bruges à Gand, à celle des bords de l'Escaut ainsi qu'à l'interception des convois, soit d'Ostende soit du Brabant, à destination des ennemis. Il s'en fallait cependant que leurs mesures fussent arrêtées avec ce concert et cette unanimité de vues que réclame la direction des armées. La cour de Versailles avait fait la faute d'associer au commandement deux hommes qu'un abîme séparait en tout, éducation, caractère et passions. Le petit-fils de Louis XIV, l'élève de Fénelon, le duc de Bourgogne, ne manquait ni d'élévation de sentiments ni d'un jugement éclairé, mais il était sans expérience de la guerre qu'il n'avait pu apprendre durant ses courtes campagnes de 1702 et 1703 sur la Meuse et sur le Rhin, et la qualité essentielle du commandement, la volonté, lui faisait entièrement défaut. Par son tempérament faible et timide, il inclinait vers les partis de prudence et de circonspection outrées. Toujours travaillé par ses doutes et ses scrupules, il formait un vivant contraste avec Vendôme, d'une confiance sans bornes dans ses projets, porté vers la bataille et les partis de vigueur, oublieux des précautions les plus élémentaires, indulgent pour la maraude, mais rachetant ses défauts par son coup d'œil et ses inspirations de génie sur le champ de bataille, par sa bravoure qui rappelait celle d'Henri IV et par l'affection que lui témoignaient ses soldats qu'il savait, comme Villars, entraîner par ses paroles et par son exemple. Cynique dans ses propos, négligé dans sa tenue, libertin dans sa conduite et ses croyances, il ne pouvait guère sympathiser avec un prince réservé, se livrant peu au dehors, de mœurs et d'une dévotion rigides. A la suite de la bataille d'Audenarde (1) où l'opposition entre ces deux natures aussi différentes que « l'eau et le feu (2) », s'était montrée au grand jour, où Vendôme, qui venait de soutenir seul le poids du combat, s'était permis à l'égard et en présence du duc de Bourgogne de vifs reproches, dont l'amour-propre du jeune prince avait profondément souffert, ce dernier avait réclamé et obtenu du Roi la « puissance décisive », mais, écrasé sous la responsabilité du commandement, il ne devait oser en faire usage jusqu'à la fin de la campagne. Par goût personnel comme par éloignement pour Vendôme, il s'était rapproché du duc de Berwick accouru, après Audenarde, avec un important renfort de l'armée du Rhin à celle de Flandre. Tout couvert encore des lauriers d'Almanza, Berwick s'était vu à regret subordonné à Vendôme qui, comme bâtard du sang de France, n'avait pu être revêtu de la dignité de maréchal. En revanche Louis XIV lui avait délivré en 1706 une patente lui conférant le commandement sur tous les maréchaux. Il fallut cependant une injonction formelle du Roi pour obliger Berwick à prendre l'ordre du général de l'armée de Flandre. Après avoir vainement essayé de s'épargner cette « mortification » qui lui

(1) 11 juillet 1708.

(2) Saint-Simon, tome XVI, p. 9. Édition de Boislisle.

mettait « le poignard dans le sein (1) », le maréchal s'était tenu à l'écart, refusant toute participation au commandement, se contentant de jouer auprès du duc de Bourgogne le rôle d'un conseiller prudent, toujours en désaccord avec Vendôme. Aussi la défiance du jeune prince envers l'heureux adversaire d'Eugène en Italie, loin de s'affaiblir, s'était fortifiée, et c'est dans cette mésintelligence, qui détruisait l'unité de vues et d'action du commandement, qu'il faut chercher la cause principale de nos revers depuis le début de la campagne.

Si le quartier général français offrait ce triste spectacle de généraux en opposition presque continuelle, l'entente la plus parfaite régnait au camp des alliés. Eugène et Marlborough apportaient une union féconde dans le choix et l'exécution de leurs projets. Marlborough avait plusieurs fois fourni au prince Eugène le concours de ses troupes pour triompher de la résistance opiniâtre des défenseurs de Lille. Il avait pris lui-même en main la direction du siège pendant les quelques jours où son collègue, blessé à l'attaque du chemin couvert, le 21 septembre, avait dû s'abstenir de paraître à la tranchée. Ils partageaient, sans songer à se les attribuer en propre, les succès de cette campagne. Alors que Marlborough envisageait avec une certaine appréhension l'issue de l'entreprise de Lille, le prince Eugène la poursuivait avec une indomptable énergie. Il savait que, pour donner à cette conquête tout son prix, pour la ravitailler en hommes, en vivres et en munitions, il était indispensable de se rendre maître de la navigation de la Lys et de reprendre Gand et Bruges aux Français. Cette

---

(1) Le maréchal de Berwick à Chamillart, au camp de Château-l'Abbaye, le 13 août 1708. Volume 2082. Arch. hist.

perspective d'une nouvelle campagne à l'entrée de l'hiver ne l'effrayait pas et il était bien résolu à ne déposer les armes et à ne renvoyer les troupes dans leurs quartiers qu'après avoir reconquis ces deux places d'une importance capitale. Il savait d'ailleurs qu'il pouvait compter sur le concours dévoué de Marlborough, trop perspicace pour ne point se rendre à ses raisons.

Les généraux alliés purent croire un instant que l'armée française, endormie dans une léthargie sans nom, allait encore faciliter de point en point l'exécution de leurs projets. Loin de piquer au vif nos officiers généraux, la chute de Lille avait été saluée par un grand nombre d'entre eux comme la fin de la campagne. Le Roi, douloureusement surpris de l'inaction de notre armée, désireux de rétablir la concorde parmi ses chefs et de leur voir adopter une ligne de conduite uniforme, s'était décidé à envoyer le 1er novembre Chamillart à Tournai. Il l'avait fait accompagner par Chamlay, l'ancien maréchal général des logis de Turenne et de Condé, qui, par sa merveilleuse connaissance du théâtre des opérations et la sagesse de ses conseils, pouvait être d'un puissant secours au ministre et à nos généraux. Le 3 novembre 1708, il se tint à l'abbaye du Saulsoy, au Nord de Tournai, un conseil de guerre où assistaient le duc de Bourgogne, le duc de Berry son frère, Chamillart, Vendôme, Berwick, Chamlay et le ministre de Philippe V aux Pays-Bas, le comte de Bergheick. Il y fut arrêté que l'armée demeurerait sur ses positions le long de l'Escaut et du canal de Gand à Bruges aussi longtemps que le permettraient les vivres, les fourrages et la saison, et que, pour mieux s'opposer aux communications et au passage des ennemis, elle renforcerait les inondations de l'Escaut et les défenses déjà élevées sur la rive droite du fleuve pendant le long séjour que nos troupes y avaient fait.

Ces mesures, arrêtées à l'instigation de Vendôme, furent loin de satisfaire Chamlay qui, appréhendant les dangers de la séparation de notre armée et de sa dispersion sur l'immense ligne qu'elle était chargée de garder, écrivait dans un mémoire remis au Roi le 13 novembre 1708 ces lignes prophétiques : « J'avouerai franchement au Roi que toute séparation dans les armées, et particulièrement celle d'une aussi grande étendue que celle dont il s'agit, me fait trembler, surtout devant des ennemis aussi éveillés et aussi témérairement même, si l'on veut, entreprenants que ceux à qui nous avons affaire.

« Je sais bien que, pour différentes et bonnes raisons, il est en usage, pendant la campagne, de s'allonger dans les armées. Mais cet allongement se fait, autant qu'on le peut, de proche en proche, et non par une séparation telle que celle où nous sommes, occupant plus de 22 lieues de pays, par des postes d'une communication très difficile entre eux à cause des chemins étroits et mauvais qui, s'il avait plu seulement deux jours, deviendraient absolument impraticables, surtout dans le pays d'Alost, et cela devant un ennemi qui, pour empêcher les troupes du Roi de s'assembler et pour les retenir dans leurs postes, peut donner en même temps de la jalousie en plusieurs endroits, pendant qu'il s'attachera, avec la plus considérable partie de ses forces, à celui qu'il voudra véritablement attaquer et forcer..... (1) »

Pendant son séjour à Tournai, Chamillart avait pu se convaincre que l'accord était tout de surface entre Berwick et Vendôme et que leur présence auprès du duc de Bourgogne contribuait à perpétuer la discorde et à

---

(1) Mémoire de M. de Chamlay sur les affaires de Flandre. Volume 2486. Arch. hist. du ministère de la guerre et *Mémoires militaires* de Vault, tome VIII, p. 507.

jeter le jeune prince dans l'indécision. De retour à Versailles, il fit part au Roi de la nécessité de ne point prolonger une situation pleine d'équivoque et de malaise. L'électeur de Bavière, Maximilien-Emmanuel, qui commandait notre armée du Rhin, venait de regagner Compiègne avant la fin de la campagne. L'occasion s'offrait d'éloigner Berwick sans éclat en lui attribuant le commandement de notre armée du Rhin jusqu'à la séparation des ennemis dans leurs quartiers d'hiver. Le 13 novembre 1708, Chamillart expédiait à Berwick l'ordre de se rendre en Alsace, et le maréchal quittait avec empressement un théâtre d'opérations où il se sentait à charge et inutile. Il partit sans prendre congé de Vendôme, qui ne cacha pas sa joie de son départ tandis que le duc de Bourgogne s'en séparait à regret. « Je vous avoue, Monsieur, écrivait à Chamillart l'intendant de Flandre M. de Bernières, le 18 novembre 1708, que nous ne comptions pas sur un départ si prompt de M. le maréchal de Berwick. Il le désirait et en a été charmé. M. de Vendôme en a marqué de la joie, et, à vous dire vrai, jamais deux hommes n'ont si peu convenu ensemble et n'ont été d'humeur si différente, mais Mgr le duc de Bourgogne en a été et en est touché. Il m'a fait l'honneur de me le témoigner, et je sais, à n'en pas douter, que cette séparation lui a fait peine. Elle était cependant nécessaire. Je souhaite que les affaires du Roi en aillent mieux, mais nous ne sommes pas assez éveillés ; nous faisons peu la guerre ou, pour mieux dire, point du tout ; et les ennemis profitent de tous côtés de notre inaction en s'emparant des grains et des fourrages des peuples plus abondants qui sont à portée d'eux (1). » Le marquis de Saint-Fremond, l'un des plus anciens lieutenants généraux de l'armée de Flandre, n'était pas

(1) Volume 2085. Arch. hist.

moins affirmatif sur l'urgence de la mesure prise à l'égard du maréchal de Berwick. Lui aussi mandait à Chamillart : « Je ne sais, Monseigneur, lequel est le plus aise de M. de Vendôme ou de M. de Berwick, l'un de s'en aller en Alsace et l'autre de le voir partir. Ce sont deux grands hommes, mais toutefois qu'on ne verra jamais dormir la tête dans un même bonnet, et c'est fort bien fait que de les avoir séparés. Quand l'un disait blanc, l'autre disait noir, ce qui ne laissait pas que de causer souvent de l'embarras à Mgr le duc de Bourgogne (1). » C'est ce même Saint-Fremond dont le roi fit choix pour remplacer Berwick auprès du duc de Bourgogne et jouer le rôle de conciliateur entre son petit-fils et le général de notre armée de Flandre. Saint-Fremond, qui avait combattu sous Vendôme en Italie et s'y était attiré l'affection de ce général, possédait les qualités de son nouvel emploi. « Patte de velours », comme l'appelait Vendôme, s'acquit dès les premiers jours la confiance du duc de Bourgogne qui écrivait plaisamment à Chamillart le 18 novembre : « Saint-Fremond commence à merveille à ce qu'il me paraît, Monsieur, et j'espère qu'étant ami de M. de Vendôme, bien intentionné et normand, il réussira pour le service du Roi à mener tout à bien (2). »

Bien que Vendôme eût hâte de mettre à profit le départ du maréchal de Berwick et de faire sortir notre armée de son inaction, il était pour le moment réduit à l'immobilité par une attaque violente de goutte et de colique néphrétique. « Mon diable de pied, écrivait-il à Chamillart le 13 novembre, est toujours enflé. Je crois

---

(1) M. de Saint-Fremond à Chamillart, au camp de Saulsoy, le 15 novembre 1708. Volume 2084. Arch. hist.
(2) Volume 2084. Arch. hist.

que j'en ai encore pour huit jours avant que de pouvoir marcher (1). » Ce fut du comte de Bergheick et de l'électeur de Bavière que vinrent les premiers projets d'opération. Après avoir épuisé les distractions de la chasse à Compiègne, Max-Emmanuel s'était rendu, le 9 novembre, à Mons, où il tenait une petite cour, pâle reflet du brillant cortège qui l'entourait à Bruxelles sous Charles II et au début du règne de Philippe V. Sa magnificence, ses fêtes répétées, son soin de se mêler aux bourgeois et de prendre part à leurs jeux, avaient rendu son nom populaire dans la capitale du Brabant. De son côté, le comte de Bergheick « le plus habile homme d'État et l'administrateur le plus versé dans la science financière qu'il y eût alors aux Pays-Bas (2) », entretenait d'actives relations dans cette ville comme dans toute la Belgique. L'heureuse surprise de Gand et de Bruges, au début de la campagne de 1708, était due aux intelligences qu'il avait pratiquées dans ces deux places. A la fin de septembre, il avait essayé de renouveler sur Bruxelles la même entreprise, que des retards dans l'exécution avaient arrêtée en chemin. Il crut l'occasion favorable de se servir de la présence de l'Électeur pour reprendre ses projets sur Bruxelles, et, se fiant aux assurances que plusieurs bourgeois de cette ville lui avaient données de prendre les armes et d'opérer un soulèvement dans le peuple à l'approche de Max-Emmanuel, assuré du consentement de ce prince à ses vues, il écrivit au duc de Bourgogne le 13 novembre 1708 :

« J'ai cru qu'il serait fort du bien du service de leur (aux ennemis) rompre tous les sas sur le canal depuis

---

(1) Volume 2084. Arch. hist.

(2) *Histoire de la Belgique au commencement du XVIIIe siècle*, par Gachard.

Bruxelles jusque dans l'Escaut, d'une manière qu'ils auraient bien de la peine à les rétablir pendant tout l'hiver. Cela leur empêchera de pouvoir porter des munitions et vivres à Bruxelles pour pourvoir leurs places, et je ferai, par les mêmes troupes, enlever et voiturer tous les grains du Brabant et des villages de Termonde, en deçà de l'Escaut, et il n'est pas même hors d'apparence que l'on leur prenne en même temps Bruxelles par un endroit où ils ne s'attendent pas, où on peut aborder sans essuyer un coup de canon ni de mousquet, et où il n'y a point d'ouvrages extérieurs, et on peut de ce côté-là saigner le fossé de la ville en rompant les sas. L'on peut même espérer que la présence de Son Altesse Électorale fera révolter la bourgeoisie contre la garnison. Tout cela, Monseigneur, se peut tenter sans perdre de monde. J'ai communiqué ce matin ce projet à Son Altesse Électorale qui y est entrée avec plaisir, et je ne vous demande, Monseigneur, pour ces trois objets, dont les deux premiers sont infaillibles et d'une grande utilité, aucunes troupes de votre armée. Comme les quatre escadrons des gardes de Son Altesse Électorale et du pays, qui ont servi en Allemagne, n'en sont pas, Son Altesse Électorale croit que vous permettrez, Monseigneur, de les retirer de Douai. Le reste des troupes sont tirées des garnisons de Mons, Charleroi, Namur et Gand. Cela fera le nombre de neuf petits bataillons et de huit ou neuf escadrons. Si vous voulez bien, Monseigneur, permettre que l'on puisse tirer encore un bataillon de Maubeuge et de Condé, je ne demanderais rien de plus à cause que les ennemis n'ont point de forces à nous opposer et qu'ils n'oseront pas faire sortir leurs troupes de Bruxelles, de crainte que les bourgeois ne leur ferment les portes lorsque Son Altesse Électorale sera à portée avec ce petit corps. Je vous demande par-dessus cela, Monseigneur, les mêmes officiers et mineurs que j'ai eus de Tournai pour le premier projet que j'avais formé sur Bruxelles. Le temps est précieux pour l'exécution, aussi je vous prie d'envoyer les ordres à Douai pour faire revenir les quatre escadrons des gardes qui y sont ou d'agréer que son Altesse Électorale les leur envoie, comme aussi à M. de Mesgrigny (1) pour qu'il m'envoie les officiers et mineurs. Son Altesse Électorale mettra d'abord tout en mouvement, et l'on commencera par faire sauter les sas, qui nous doit donner la facilité pour Bruxelles et faire mener les grains à Gand (2). »

Cédant à de nouvelles sollicitations de l'Électeur, le duc de Bourgogne se résolut à lui accorder quatre bataillons et six escadrons d'augmentation, tirés de l'armée. « Comme la plupart des bataillons de garnison sont très faibles, écrivait M. de Bergheick à Chamillart, le 19 novembre, et qu'il y en a même trois ou quatre qui n'ont que 200 hommes, son Altesse Électorale a prié Mgr le duc de Bourgogne de lui donner encore quatre bataillons, si cela ne dérangerait pas l'objet principal. Mgr le duc de Bourgogne les lui a accordés et six escadrons de son propre mouvement (3). »

A sa lettre, M. de Bergheick joignait la pièce suivante :

État des troupes qui seront employées à l'entreprise sur Bruxelles.

	Bataillons.	Escadrons.	
De la garnison de Gand....	2	6	
De la garnison de Mons...	3	5	Des gardes de son A. E. et du pays.
De la garnison de Charleroi.	1	»	

(1) Gouverneur de la citadelle de Tournai.

(2) M. de Bergheick au duc de Bourgogne, de Mons, le 13 de novembre 1708, volume 2084. Arch. hist.

(3) Volume 2084. Arch. hist.

De la garnison de Namur..	3	»	Dont 2 d'Espagne, qui à peine en font 1, et 1 français.
De la garnison de Condé...	1	»	C'est un bataillon qui n'a pas 200 hommes.
De l'armée :			
De Beaufermé...........	2	»	
De Cologne.............	2	»	
Cavalerie de l'armée......	»	6	
TOTAL..........	14	17	

Le même jour, Max-Emmanuel informait Louis XIV de son entreprise :

Sire,

Dès que je suis arrivé en cette ville, plusieurs gens, qui ont quelque crédit sur la bourgeoisie et le peuple de Bruxelles, m'ont fort sollicité de leur part de paraître à la vue de Bruxelles avec quelques troupes; que, du côté du peuple, je pouvais m'attendre à en être secondé de la manière que je pourrais le souhaiter. On a tenu le même discours de leur part au comte de Bergheick, ce qui a fait que nous avons songé plus sérieusement à profiter de cette bonne volonté du peuple et avons trouvé que je puis mettre ensemble dix bataillons et douze escadrons des garnisons. J'ai donné commission au comte de Bergheick de demander de ma part à M. le duc de Bourgogne quatre bataillons si cela ne dérangeait rien de ses dispositions. Il les a accordés et envoie six escadrons avec. Ce détachement arrivera demain ici, de sorte que le corps que je puis assembler de quatorze bataillons et de dix-huit escadrons sera le 21 à Hal. Je m'y rendrai le même jour et marcherai le lendemain vers Bruxelles. J'ai fait les dispositions pour les inquiéter et faire paraître des troupes de plusieurs endroits. Mon dessein est pourtant de me loger la première nuit, en arrivant, sous les chemins couverts entre la porte de Namur et celle de Louvain, et d'y faire des batteries pendant la nuit. Si le peuple a la bonne volonté qu'il me promet, le succès ne serait pas douteux, mais je n'ose rien assurer de positif à Votre Majesté, puisque je n'ai aucun concert formel avec aucun chef dans la ville, mais seulement leurs assurances de prendre les armes et de donner sur la garnison, qui consiste en trois régiments saxons et dix compagnies de l'Empereur, faisant en tout 5,000 hommes d'infanterie, quand ils me verront à portée de les soutenir. Un peuple s'intimide souvent quand la chose vient à l'exécution, et les partis contraires ne manquent pas en pareille occasion. Cependant, voyant l'utilité de la réussite de cette entreprise et ne courant d'autre risque que le désagrément pour moi si le peuple de Bruxelles me manque de parole, je ne regarde pas cela comme une raison qui me doive empêcher de faire cette tentative qui, ayant un heureux succès, mettrait l'armée des ennemis en des plus grands embarras. J'espère que Votre Majesté ne désapprouvera pas cette résolution que mon zèle pour le service de Votre Majesté et de Sa Majesté Catholique me fait prendre. Je voudrais pouvoir trouver d'autres occasions pour lui marquer avec quel attachement et respect je suis, Sire, de Votre Majesté, très humble et vrai serviteur et cousin.

M.-Emmanuel, Électeur (1).

Mons, ce 19 de novembre 1708.

L'Électeur pouvait donc disposer de 14 bataillons et de 17 à 18 escadrons. Son infanterie, composée en majeure partie de troupes de garnison très faibles (si l'on veut observer que les bataillons de l'armée, à leur entrée en campagne, atteignaient à peine 500 hommes), ne représentait pas plus de 5,000 hommes : sa cavalerie pouvait s'élever à 2,500 maîtres. Un train d'artillerie de siège, d'une quinzaine de pièces et de mortiers, sous les ordres d'un lieutenant d'artillerie, M. de Malézieux, était adjoint à l'Électeur. Max-Emmanuel comptait assembler le 21 novembre à Hal, à moins de 15 kilomètres au Sud de Bruxelles, ses différents détachements, son artillerie, les mineurs que devait lui envoyer de Tournai le gouverneur de la citadelle de cette ville, M. de Mesgrigny, et sept ou huit ingénieurs tirés des places frontières, paraître le 22 au plus tard devant Bruxelles et, moitié par la force, moitié grâce à la complicité de la bourgeoisie, se faire ouvrir les portes de la capitale du Brabant.

Pour réussir avec des moyens aussi bornés, il eût fallu que l'Électeur trouvât dans Bruxelles une garnison ou

---

(1) Volume 2084. Arch. hist.

trop faible pour défendre la place, ou commandée par un chef facile à intimider. Il eût fallu aussi que son entreprise fût exécutée avec la plus grande célérité et entourée du plus profond secret. Or, dès le début, ces conditions de succès faisaient défaut à l'Électeur. Mis en garde par la première tentative des Français contre Bruxelles au mois de septembre précédent, les députés des États-Généraux avaient pourvu à sa sûreté. La place renfermait neuf bataillons (deux des troupes du roi Charles, deux des troupes de l'Empire, un bataillon anglais, un bataillon saxon, trois bataillons hollandais), un régiment de dragons royaux et 400 hommes de cavalerie impériale (1). Comme les bataillons des alliés étaient d'un effectif bien supérieur à ceux des Français, il n'est pas téméraire d'évaluer à plus de 5,000 hommes d'infanterie et à 1000 cavaliers le total de la garnison de Bruxelles (2). Elle avait à sa tête un chef énergique, le général Pascale, que secondaient activement les députés des États-Généraux à Bruxelles, le baron de Renswoude et le sieur Van den Berg. Mal attelée avec des chevaux de paysans, engagée dans des chemins défoncés par les pluies, l'artillerie de l'Électeur devait mettre cinq jours à effectuer le trajet qu'on comptait lui voir accomplir dans une journée. Enfin, le secret avait été si mal gardé dans le camp français que le major de la gendarmerie, le comte Dauger, pouvait écrire au duc du Maine, le 21 novembre 1708 : « ..... La perte de Bruxelles et surtout celle d'Anvers serait un fâcheux contretemps pour lui (l'ennemi), mais je tremble que la chose n'arrive pas, voyant combien peu on y garde le secret, car il

(1) Lettre du général Pascale à Charles III, du 14 décembre 1708. Cette lettre est citée par M. Gachard dans son *Histoire de la Belgique au commencement du XVIIIe siècle*.

(2) Dans le tome X, p. 467, des *Feldzüge des prinzen Eugen*, la force de la garnison est évaluée à 7,000 hommes.

y a cinq ou six jours qu'on murmure de tout cela (1). » Dès le 20 novembre, comme nous le verrons plus loin, Marlborough était entièrement renseigné sur les intentions de Max-Emmanuel.

A l'heure où ce prince commençait l'exécution de son entreprise, Vendôme formait un projet offensif qu'il parvenait à faire agréer au duc de Bourgogne et pour lequel il s'empressait, le 22 novembre, de demander l'approbation du Roi. Il comptait rassembler les troupes qui composaient les camps du Saulsoy, de Pottes et d'Escanaffles, le long de l'Escaut, soit quarante bataillons et quatre-vingts escadrons, sans toucher au corps chargé de masquer Audenarde et sans déplacer les forces qui gardaient le canal de Bruges à Gand. Mettant à profit la dispersion de l'armée de Marlborough et dérobant à l'ennemi une marche de nuit, il se proposait de passer l'Escaut près de Tournai, la Marque près de Tressin, et d'attaquer le prince Eugène dans ses lignes autour de Lille, de concert avec un de nos lieutenants généraux, M. de Cheyladet, qui marcherait sur cette ville par Béthune et la Bassée, à la tête des détachements préposés à la garde de l'Artois. Peut-être parviendrait-il à jeter un secours dans la citadelle de Lille et à rentrer en possession de cette ville (2).

Sûrs à l'avance du consentement du Roi qui, durant cette campagne, avait toujours encouragé nos généraux dans leurs vues offensives, le duc de Bourgogne et Vendôme ne disposaient malheureusement plus de leur

---

(1) Le comte Dauger au duc du Maine, le 21 novembre 1708, au camp du Saulsoy. Volume 2108. Arch. hist.

(2) Vendôme au Roi, du camp du Saulsoy, 22 novembre 1708. Volume 2084. Arch. hist. et *Mémoires militaires* de Vault, tome VIII, p. 139.

liberté d'action. Ils ne pouvaient songer à dégarnir l'Escaut de Tournai à Audenarde et à découvrir par ce mouvement l'Électeur de Bavière avant d'être fixés sur le résultat de l'entreprise de Bruxelles. Vendôme ne s'alarmait pas de cette contrainte de garder à la fois l'Escaut et le canal de Bruges à Gand, bien que notre armée, dispersée déjà sur une immense étendue, s'affaiblît chaque jour, qu'après l'envoi de 4 bataillons et de 6 escadrons à l'Électeur de Bavière, de 8 bataillons et de 6 escadrons à M. de Cheyladet, le 17 novembre, il restât seulement dans les camps du Saulsoy, de Pottes et d'Escanaffles 40 bataillons et 90 escadrons ; à Berchem, sur l'Escaut, entre Tournai et Audenarde, 3 bataillons et 10 escadrons ; devant Audenarde 14 bataillons et 25 escadrons ; qu'enfin 65 bataillons et 80 escadrons, sous le comte de La Mothe, formassent comme une armée distincte derrière le canal de Bruges à Gand. Il se flattait d'avoir le temps de réunir ses forces et de s'opposer victorieusement à toute tentative de passage des ennemis. Faisant part au Roi de l'envoi de « huit bons bataillons et de six bons escadrons » à M. de Cheyladet, il lui écrivait le 17 novembre : « Par cette diminution, la garde de l'Escaut ne sera pas fort affaiblie, et, dans la situation étendue dans laquelle sont les ennemis, il est impossible qu'ils puissent tenter le passage de cette rivière sans que les troupes qui sont sur le canal de Bruges aient le temps de nous joindre, de sorte, Sire, que nous ne risquons rien (1) ». Le duc de Bourgogne était loin de partager la confiance de Vendôme et d'attacher une grande valeur à cette barrière de l'Escaut. Il jugeait la situation avec plus de perspicacité que le général de notre armée de Flandre, mais incapable de surmonter son ascendant, il n'osait prendre sur lui de

(1) Vendôme au Roi, au camp de Saulsoy, ce 17 novembre 1708. Volume 2084. Arch. hist.

modifier ses plans. A plusieurs reprises, et notamment le 17 novembre, il ne cachait pas au Roi combien la dissémination de notre armée lui semblait aventurée et lui causait d'appréhensions. « Huit bataillons et six escadrons doivent incessamment marcher pour renforcer ce côté (l'Artois). Sur cela, j'ose représenter à Votre Majesté que nous tombons peu à peu dans ce que j'ai pris la liberté de vous écrire il y a six semaines car, voulant tout garder, les ennemis nous perceront par où il leur plaira. Le duc de Vendôme n'en convient pas. Il croit qu'il sera toujours assez à temps de retirer ses troupes soit de l'Artois, soit de Gand, pour défendre le passage de l'Escaut, mais il est aisé de voir que les ennemis, étant au centre, ont toujours un chemin bien plus court à faire que tous nos détachements et corps séparés pour se porter à tel point de la circonférence qu'il leur plaira (1). »

Les craintes du duc de Bourgogne étaient d'autant plus fondées que les inondations de l'Escaut n'avaient pas eu le succès espéré (2). Après le conseil de guerre du 3 novembre, on avait décidé la construction d'une digue en amont de Berchem pour inonder les abords de l'Escaut depuis Tournai jusqu'à ce village, et entrepris un barrage analogue en aval d'Audenarde, afin d'empêcher le gouverneur de cette place de contrarier la première inondation par le jeu de ses écluses. Ces travaux, commencés dès le 10 novembre, furent surveillés par le gouverneur de la citadelle de Tournai, M. de Mesgrigny, l'un des meilleurs élèves de Vauban. Huit bateaux, chargés de pierres, se dirigèrent vers Berchem où l'on se proposait

---

(1) Le duc de Bourgogne au Roi, au camp de Saulsoy, ce 17 novembre 1708. Volume 2084. Arch. hist.

(2) Voir à l'appendice I les lettres relatives aux inondations et à la visite de l'Escaut.

de les couler et d'établir un barrage sur le fleuve. Mais ils étaient à peine en place, le 20 novembre, que la violence du courant les emportait et les détruisait, à l'exception de deux bateaux coulés à fond. Pour avoir raison de la digue élevée par les Français, il avait suffi au gouverneur d'Audenarde de retenir un instant les eaux du fleuve, puis de les lâcher brusquement. Néanmoins M. de Mesgrigny ne désespérait pas, grâce aux écluses de Condé, de Valenciennes et de Douai, « d'inonder toutes les prairies jusqu'à Audenarde, en faisant des ouvertures dans les crêtes de l'Escaut vis-à-vis les prairies les plus basses. C'est à quoi, mandait-il à Chamillart le 21 novembre, je vais employer tous mes mineurs pour ne point perdre de temps (1). »

La visite des retranchements élevés par notre armée sur la rive droite de l'Escaut avait aussi confirmé le duc de Bourgogne dans la difficulté de garder ce fleuve. Si, devant Pottes et Escanaffles, il les avait trouvés le 14 novembre « en assez bon état (2) », sa visite des bords de la rivière, d'Escanaffles à Gand, devait lui révéler bien des points faibles. Par malheur, Vendôme, retenu au lit par la goutte, ne put suivre dans ce voyage le jeune prince qui, d'après l'examen des lieux, lui aurait peut-être fait partager ses appréhensions sur le peu de solidité de notre barrière de l'Escaut. Le 19 novembre, le duc de Bourgogne voyait par lui-même les faibles progrès de l'inondation entre Tournai et Audenarde et venait dîner à Berchem, au camp du lieutenant général, M. de Souternon, qui commandait en cet endroit. On n'était plus au temps des haltes froides, « bonnes pour des

---

(1) M. de Mesgrigny à Chamillart, de la citadelle de Tournai, le 21 novembre 1708. Volume 2084. Arch. hist.

(2) Le duc de Bourgogne au Roi, au camp du Saulsoy, le 15e novembre 1708. Volume 2084. Arch. hist.

drilles », suivant le mot pittoresque de Saint-Simon, et M. de Souternon « fit bonne chère (1) » au prince et à sa nombreuse suite, qui s'en vinrent de là inspecter les retranchements occupés devant Audenarde par les quatorze bataillons et les vingt-cinq escadrons aux ordres du marquis d'Hautefort. Ces retranchements s'étageaient, sur trois lignes, des abords de la place jusque sur les hauteurs où M. d'Hautefort avait assis son camp. La première ligne passait à portée du canon d'Audenarde, et si près des dehors de cette place qu'aucune troupe ne pouvait en sortir sans s'exposer à un feu destructeur. M. d'Artagnan (le futur maréchal de Montesquiou), qui accompagnait le duc de Bourgogne dans ce voyage, fut frappé de l'étendue démesurée de ces lignes, que 20,000 hommes auraient seuls pu défendre (2). Après avoir passé la nuit du 19 au 20 novembre à l'abbaye d'Eename, à quelques kilomètres au Nord-Est d'Audenarde, le duc de Bourgogne reprit le 20 sa visite des bords de l'Escaut qu'il descendit jusqu'à Gavere. De l'abbaye d'Eename à ce village, le fleuve présentait plusieurs points de passage d'un accès facile que ne défendait aucun débordement des eaux et que ne gardait aucun détachement de notre armée. Frappé de la nécessité d'une inondation dans cette partie, le duc de

---

(1) M. de Saint-Fremond à Chamillart, au camp de Saulsoy, le 22 novembre 1708. Volume 2084. Arch. hist.

(2) M. d'Artagnan à Chamillart, au camp du Saulsoy, ce 22 novembre 1708 :

« Nous avons vu les travaux qui masquent Audenarde, où il y en a trois fois plus qu'il n'en faut, et si d'abord on les eût portés où ils devaient être, cela aurait épargné beaucoup de travail, car il y a trois retranchements l'un sur l'autre qui ne sont pas bons et où il n'y a que le plus avancé qui puisse servir, mais, tels qu'ils sont, ils sont plus que suffisants pour empêcher l'ennemi de passer par là, mais il y faudrait 20,000 hommes d'infanterie pour les défendre. » Volume 2084. Arch. hist.

Bourgogne accepta avec empressement l'offre d'un officier d'artillerie, le sieur Dugué, qui s'engagea à élever auprès de Gavere cinq digues de terre, dont le prix de revient ne dépasserait pas 700 francs pour chaque digue. Le prince donna l'ordre au marquis d'Hautefort, ainsi qu'au baron de Capres, que M. de La Mothe avait envoyé de Gand à sa rencontre, de se prêter aux demandes de M. Dugué et de lui faciliter de tout leur pouvoir l'exécution de ses travaux (1). Son inspection terminée, il quitta le 21 au matin l'abbaye d'Eename en compagnie de son frère, le duc de Berry, pour regagner son quartier général du Saulsoy. Les princes s'arrêtèrent un instant au camp de M. d'Hautefort, « à qui ils n'avaient demandé que du café et chocolat, mais ils y trouvèrent, en mettant pied à terre, un magnifique déjeûner. De là on fut à Pottes dîner chez M. de La Chastre qui ne fit pas moins paraître la délicatesse de sa bonne chère que MM. ses confrères (2) ».

Le duc de Bourgogne n'avait pas été seul à se préoccuper de l'importante lacune qui existait dans la défense de l'Escaut depuis Audenarde jusqu'à Gand. Parmi les officiers qui l'avaient suivi, Saint-Fremond, son mentor, d'Artagnan, le directeur général de notre infanterie, ne manquaient pas de signaler, à leur retour, au Ministre de

---

(1) M. d'Affry, l'un des aides de camp du duc de Bourgogne au duc du Maine, au Saulsoy le 21 novembre 1708 : « Le terrain que nous avons examiné hier d'Audenarde à Gavere est d'un accès assez facile. Il n'y a pas de marais et les plaines, des deux côtés de la rivière, sont assez vastes. Un officier d'artillerie qui, sans doute, Monseigneur, vous en aura rendu compte, a offert ce matin d'inonder cette partie par cinq digues qu'il propose de faire et ne demande que 700 francs pour chacune. On les lui a promis et expédié les ordres nécessaires à M. d'Hautefort et de Capres, qui est à Gand, pour lui en faciliter les moyens. » Volume 2108. Arch. hist.

(2) M. de Saint-Fremond à Chamillart, au camp de Saulsoy, le 22 novembre 1708. Volume 2084. Arch. hist.

la guerre les graves défectuosités de la garde du fleuve au Nord d'Audenarde. Le premier lui écrivait le 22 novembre : « On est persuadé que si le milord Marlborough, au lieu d'aller au canal, voulait hasarder de passer l'Escaut, ce serait au village de Meylegem, un peu au-dessous de la Zwalm, afin de se couvrir, en remontant cette rivière, de tout ce qui viendrait s'opposer à son passage du camp de M. d'Hautefort et des autres quartiers en deçà qui marcheraient à son secours, mais avec peine pourrait-on se servir de ceux qui viendraient de Gand, séparés de nous par les ennemis (1). » M. d'Artagnan se prononçait le même jour dans un sens identique : « Je tiens ces travaux d'Audenarde si inutiles que, quand les ennemis voudront se présenter une grosse tête à Audenarde, ils contiendront nos troupes qui sont derrière ces retranchements, et les ennemis (2), en descendant plus bas avec un corps, iront faire leur pont sans nul obstacle entre l'embouchure de la Zwalm, qui tombe dans l'Escaut, et Gavere, où il n'y a nulle troupe et où il y a de beaux abords; et, dès que les deux cents premiers hommes des ennemis auront passé, s'allant poster au pont de la Zwalm (3), ils fermeront le passage à nos troupes qui sont sur Audenarde, qui ne pourront s'y porter, à la faveur de quoi leur armée passera sans avoir un coup de pistolet à tirer..... (4). » Il n'est pas sans intérêt de rapprocher de l'opinion de ces deux officiers d'expérience celle de M. de Candau, l'ingénieur attaché au camp de M. d'Hautefort devant Audenarde, qui ne se méprenait point sur les véritables pensées du duc de

(1) Volume 2084. Arch. hist.

(2) Le texte porte : l'ennemi.

(3) Au village de Nederzwalm. Voir la carte.

(4) M. d'Artagnan à Chamillart, au camp du Saulsoy, ce 22 novembre 1708. Volume 2084. Arch. hist.

Bourgogne, en écrivant à Chamillart le 21 novembre : « ..... Il semble même que ce prince ne juge pas présentement que l'Escaut soit autrement soutenable et qu'il ait des vues plus solides que celles de s'imaginer qu'on puisse empêcher les ennemis de franchir cette rivière quand il leur plaira, et grand nombre d'autres personnes de caractère en ont même opinion. Cependant, Monseigneur, on ne laisse pas de continuer le travail de la nouvelle avant-ligne de retranchements qu'on a commencée par vos ordres devant cette place, qui aura quinze à seize cents toises de circuit (1). »

Le jour où le duc de Bourgogne revenait de sa visite des bords de l'Escaut, l'Électeur de Bavière se rendait à Hal, sur la Senne, où son corps de siège et son artillerie étaient assemblés. Le 22, il venait coucher à l'abbaye de la Cambre, tandis que ses troupes passaient la Senne, et, engagées dans de mauvais chemins, s'arrêtaient à Stalle, à 6 kilomètres au Sud de Bruxelles. Le 23, par une pluie froide et glacée, elles venaient camper à Etterbeck à l'Est et en vue de la ville, après avoir été contraintes de laisser en arrière toute leur artillerie. Vers midi, Max-Emmanuel envoyait au général Pascale son trompette, porteur de la sommation suivante :

Mémoire pour le trompette de Son Altesse Électorale.

Il sommera le commandant de la ville de Bruxelles de se rendre à Son Altesse Électorale qui va l'attaquer avec son armée et artillerie qui arrive.

Son Altesse Électorale sait que le commandant n'est pas en état de se défendre avec le peu de troupes qu'il a. Aussi, s'il oblige Son Altesse Électorale de commencer l'attaque, il n'y aura aucune capitulation

---

(1) M. de Candau à Chamillart, au camp près d'Audenarde, 21 novembre 1708. Volume 2084. Arch. hist.

pour lui ni la garnison. Que le commandant ne se flatte pas de sauver sa garnison sur Anvers s'il attend de se rendre, car on veut bien lui dire qu'il trouvera bientôt qui empêchera sa retraite (1).

Loin de se laisser intimider par les menaces de l'Électeur, le général Pascale lui fit cette vigoureuse réponse :

Bruxelles, ce 23 novembre 1708.

Monseigneur,

Le commandant de Bruxelles est bien malheureux de n'avoir pas l'honneur d'être connu de Votre Altesse Électorale. J'ose l'assurer qu'il fera tout ce qu'un homme d'honneur doit faire, qu'il est très content de sa garnison et qu'il a l'honneur d'être avec un très profond respect, Monseigneur, de Votre Altesse Électorale le très humble et très obéissant serviteur.

PASCALE (2).

Comme une pluie continuelle avait fatigué les troupes et mis les armes hors de service, l'Électeur ne jugea pas à propos de rien entreprendre le 23. Alors que le comte de Bergheick voulait porter l'attaque au Nord de Bruxelles, à cheval sur le canal de cette ville à l'Escaut, en un point où la place n'était défendue que par de faibles ouvrages et un bastion à moitié ruiné, le feld-maréchal comte d'Arco se prononça pour attaquer la ville, entre les portes de Louvain et de Namur, sur une partie de l'enceinte dont le fossé était entièrement à sec, mais où les ouvrages de la défense étaient plus importants, le front plus étendu et le canon plus nombreux (3).

---

(1) Archives de la Haye, lettres de la campagne de 1708.

(2) *Ibid.*

(3) Le comte de Bergheick à Chamillart, au camp d'Ixelles, le 26 novembre 1708 : « Je n'ai pas voulu faire l'attaque où l'on la fait à cause que le terrain est trop long entre la porte de Louvain et de Namur pour un si petit corps de troupes, et il y a trop d'ouvrages où ils peuvent placer du canon. J'avais proposé de faire l'attaque à la droite et à la gauche du canal où il y a peu ou point d'ouvrages principaux et

Dans l'espoir d'obtenir une brèche immédiatement praticable, l'Électeur se rangea à l'avis du comte d'Arco, et, en attendant l'arrivée de son artillerie, il ordonna le 24 novembre qu'on se préparât, pour la nuit suivante, à la construction d'une batterie, distante environ de 100 toises du chemin couvert, et au tracé de deux boyaux destinés à servir de soutien à cette batterie, l'un à sa droite et l'autre à sa gauche. L'Électeur voyait avec peine ces retards dans l'ouverture de la tranchée. Dès qu'il ne pouvait disposer de son canon en arrivant devant la place ; dès que la faiblesse de son corps d'infanterie et la grande étendue du front d'attaque ne lui permettaient pas de tenter deux attaques et de partager les forces de la garnison, Max-Emmanuel perdait les avantages de la surprise, laissait aux défenseurs le temps de se reconnaître et leur permettait de concentrer tous leurs moyens d'action sur le front menacé. Son apparition devant Bruxelles n'y avait point provoqué le soulèvement qu'on lui avait fait espérer. Les députés des États-Généraux avaient pris des mesures sévères pour contenir les bourgeois dans leurs maisons et ces mesures n'avaient rencontré aucune opposition. Sans nouvelles directes de Marlborough, le général Pascale avait cependant reçu le 22 novembre de son quartier-maître général, Cadogan, un billet où ce dernier lui demandait de se défendre à outrance et lui annonçait que Marlborough

---

de saigner le canal au sas de Vilvorde, qui fait découler en même temps l'eau du fossé entre le canal et la porte de Laeken et facilitait à pouvoir emporter d'abord le bastion qui est à la droite du canal, qui est en fort mauvais état et qui n'a ni palissade sur la berme ni de fraise et qui est presque tout éboulé à la face et au flanc droit, et, quand on était maître du pont de Laeken, l'on y pouvait aborder deux bataillons de front par l'allée verte ; mais M. le comte d'Arco a conseillé à Son Altesse de faire l'attaque du côté du parc à cause qu'il n'y a qu'une muraille sèche et que l'on y peut aisément faire une grande brèche. » Volume 2084. Arch. hist.

devait tout tenter pour sauver Bruxelles (1). Bien commandée, la garnison était disposée à faire son devoir et à donner à la grande armée le temps de la secourir. Dès le 20 novembre, Marlborough était mis au courant des projets de l'Électeur par le gouverneur d'Audenarde, le comte de Chanclos, et plusieurs autres correspondants : « J'ai reçu votre lettre d'hier au soir, écrivait-il le même jour au gouverneur d'Audenarde, par laquelle je vois que les Princes sont venus prendre leurs quartiers à Eename et que les ennemis assemblent un corps de troupes en Brabant. Selon les avis que j'ai d'ailleurs, cela regarde Bruxelles, où vous nous rendrez grand service si vous pouvez envoyer quelque personne affidée pour vous venir rapporter au plus tôt la situation où on s'y trouve, et d'écrire deux mots par cette occasion à M. Pascale qu'il ait à tenir ferme jusqu'à la dernière extrémité ; que nous allons assembler les troupes, mais que vous n'osez lui en dire davantage à cause du hasard. Je vous recommande instamment de me donner de vos nouvelles tous les jours quoique rien se serait passé : cela mettrait mon esprit en repos..... (2) » Les mouvements des Français n'avaient pas échappé à l'actif gouverneur d'Ath, le général Pallandt. Deux de ses lettres, du 19 et du 21 novembre, apportaient à Marlborough, le 22 novembre, des renseignements précieux dont le général anglais le remerciait en ces termes : « Je vous suis fort obligé tant des avis que vous nous donnez que de la diligence que vous avez usée à en faire part à MM. de la Conférence et M. Pascale à Bruxelles. Nous avions déjà le bruit depuis deux jours des mouvements

---

(1) Lettre des députés de Bruxelles aux États-Généraux, 22 novembre 1708. Arch. de la Haye.

(2) Marlborough à Chanclos, au camp de Rousselaëre, ce 20 novembre 1708. *The Letters and Despatches military of John Churchill, first duke of Marlborough*, par Murray, tome IV, p. 315.

des ennemis de ce côté-là, mais rien de si positif, et, comme votre canal est le seul par lequel nous puissions avoir des avis sur lesquels nous fonder, je vous prie de nous informer souvent de tout ce que vous pouvez apprendre et de trouver le moyen de faire savoir à M. Pascale qu'il ait à tenir ferme et que nous allons faire tous les mouvements possibles pour obliger les ennemis à (se) désister de leur entreprise (1). »

L'importance de garder Bruxelles était telle aux yeux de Marlborough que, rappelant en hâte les détachements de son armée répandus le long de la Lys et dans le Furnembach, il se mettait en mesure, le 24 novembre, de quitter son camp de Rousselaëre, toutes forces réunies. « Bien que cette armée soit très affaiblie par le siège (de Lille), écrivait-il à lord Godolphin vers le 23 novembre, je suis résolu de tout risquer plutôt que de laisser prendre Bruxelles aux Français, ce qui, je crois, est leur dessein, car ils m'estiment trop faibles pour secourir cette place (2). » Le prince Eugène, qui avait déjà examiné à plusieurs reprises avec son collègue la conduite à tenir dans l'éventualité présente, n'attendait qu'une invitation de sa part pour le rejoindre et l'aider à forcer un passage sur l'Escaut et à dégager la capitale du Brabant. Quand, dans la soirée du 24 novembre, Cadogan, le bras droit et le quartier-maître général de Marlborough, vint annoncer au prince de Savoie que le général anglais se mettait en marche pour atteindre l'Escaut dans la nuit du 25 au 26, Eugène se déclara prêt à joindre son collègue avec dix-neuf bataillons et cinquante escadrons en appelant à lui le détachement qui occupait la Bassée et en ne laissant au siège de la

(1) Murray, tome IV, p. 320.

(2) *Memoirs of Marlborough*, par William Coxe, tome II, p. 568.

citadelle de Lille que trente bataillons et trente escadrons (1).

On ne saurait trop admirer la sagesse du plan auquel s'arrêtèrent les généraux alliés. Rejetant *a priori* toute opération excentrique par le canal de Bruges à Gand, ils avaient à faire choix d'un point de passage sur l'Escaut qui leur permît d'atteindre Bruxelles au plus vite sans trop découvrir le corps de siège laissé devant la citadelle de Lille. Audenarde remplissait cette double condition, mais les retranchements que l'ennemi avait accumulés à la sortie de cette place leur interdisaient le moyen d'en faire leur principal débouché. Marlborough espérait en tirer un parti autrement avantageux dans une tentative de passage de l'Escaut à la fois en amont et en aval de cette place, en des points suffisamment rapprochés pour que la garnison d'Audenarde pût joindre son action à celle de ses colonnes, tandis que le prince Eugène essayerait de passer le fleuve plus haut vers Autryve, en face d'Escanaffles, et retiendrait de ce côté l'attention et les forces des Français.

D'après ce plan, le prince Eugène se mit en marche dans l'après-midi du 25 novembre, à la tête de dix-neuf bataillons et de cinquante escadrons. Il venait à peine d'atteindre Roubaix qu'un message de Marlborough lui apprit que la grande armée, retardée par le mauvais état des chemins, arriverait sur l'Escaut seulement dans la nuit du 26 au 27 novembre. Force fut au prince de Savoie de suspendre son mouvement jusqu'au lendemain soir. Il « resta le 26 à Roubaix, et, quoique son génie supérieur en tout le mette toujours au-dessus de tous les embarras et qu'il sait assez se déguiser, les moins

(1) *Die Feldzüge des prinzen Eugen*, tome X, p. 470.

pénétrants s'aperçurent qu'il avait de l'inquiétude (1) ». De son côté, Marlborough avait envoyé à Menin ses gros bagages : les deux lignes de son armée, formant deux colonnes, se portèrent le 25 novembre sur Harlebeke et Courtrai. La droite, qui formait l'avant-garde, atteignit Harlebeke d'assez bonne heure, mais la gauche employa toute la nuit du 25 au 26 à passer la Lys à Courtrai. En dépit de la fatigue de cette marche, contrariée par le mauvais temps, l'ordre fut donné de se remettre en mouvement dans la soirée du 26 novembre, à la tombée du jour.

Les deux points de passage dont Marlborough avait fait choix en aval et en amont d'Audenarde, étaient situés, l'un près de Gavere, l'autre près de Kerkhove, éloignés d'environ deux lieues de cette place. Les abords du premier avaient été soigneusement reconnus par le gouverneur d'Audenarde, le comte de Chanclos, que Marlborough avait fait venir à l'armée pour guider la colonne qui passerait à Gavere, et les abords du second

---

(1) Relation du passage de l'Escaut par le général Schulenbourg. On doit au général saxon Schulenbourg, qui fit la campagne de 1708 comme volontaire en Flandre aux côtés du prince Eugène, un récit plein d'intérêt de cette opération. Voir l'ouvrage intitulé : *Leben und Denkwürdigkeiten Johann Mathias reichsgrafen von der Schulenburg*, Leipzig, 1834, tome Ier, p. 371 et suiv. Consulter aussi les *Mémoires* du député hollandais Sicco van Goslinga publiés à Leeuwarden en 1857; la *Campagne de Lille*, imprimée à la Haye en 1709; le *Mercure historique et politique de 1708;* l'*Histoire de la Belgique au commencement du XVIIIe siècle*, par M. Gachard ; le tome II des *Memoirs of Marlborough*, par William Coxe; le tome IV des *Letters and Despatches of Marlborough;* le tome X des *Feldzüge des prinzen Eugen*; le tome VIII des *Mémoires militaires relatifs à la Succession d'Espagne*, par de Vault; le tome II du bel ouvrage de M. le comte d'Haussonville *La Duchesse de Bourgogne et l'Alliance savoyarde sous Louis XIV* ; le *Journal* de Dangeau; les *Mémoires* du marquis de Sourches et de Saint-Simon, etc.

par Cadogan lui-même. Ce fut à un de ses lieutenants, le comte de Lottum, que Marlborough confia le commandement de la colonne, forte de 16 bataillons, 40 escadrons, 6 canons et 14 pontons, qui devait tenter le passage de l'Escaut à Gavere. Le général anglais fit aussi renforcer de six bataillons et porter à douze bataillons la garnison d'Audenarde, aux ordres du colonel Sichterman, auquel il prescrivit d'occuper les dehors de la place et de se tenir prêt à déboucher de front devant les retranchements pendant que les colonnes de Gavere et de Kerkhove les attaqueraient de flanc et en arrière. Lui-même, faisant prendre les devants à Cadogan avec une avant-garde de 10 bataillons, quelques escadrons, une partie de son artillerie et les pontons, se mit en marche le 26, vers 5 heures du soir, par Waermaerde sur Kerkhove, à la tête du corps principal, fort de 40 bataillons et de 100 escadrons. Il comptait atteindre l'Escaut au milieu de la nuit, franchir ce fleuve et envelopper le camp retranché d'Audenarde, grâce à l'attaque combinée de ses forces, de celles du comte de Lottum et de la garnison de cette place.

A peine de retour au camp du Saulsoy, le duc de Bourgogne avait été saisi par Vendôme du projet d'attaquer le prince Eugène dans ses lignes autour de Lille. Le 23, le jeune prince et le général de notre armée de Flandre avaient eu à ce sujet un long entretien, à la suite duquel M. de Contades, le major général de l'infanterie, avait été dépêché à M. de Cheyladet, alors à Béthune, pour concerter avec lui un mouvement sur Lille. Un ordre avait été également expédié à M. de La Mothe de se rendre de Bruges au Saulsoy pour y recevoir de nouvelles instructions. Cet entretien, suivant M. de Saint-Fremond, avait été empreint d'une grande cordialité : « Comme M. de Vendôme était au lit à cause de la goutte qui l'avait repris, ne pouvait, sans s'efforcer, venir chez Mgr le duc de Bourgogne, la bonté de ce prince et (pour) le bien des affaires l'engagea à m'ordonner d'aller dire à M. de Vendôme qu'à 3 heures après midi il irait chez lui, et que d'ailleurs je le pouvais assurer qu'il serait bien aise de lui faire une visite, accompagné de Mgr le duc de Berry. M. de Vendôme, charmé d'une si agréable nouvelle, se mit sur son propre dans son lit, barbe faite, chemise, camisole blanche, perruque poudrée; les valets balayèrent la chambre, eurent soin, sur une pelle à feu, d'y brûler fleur d'orange et graine de genièvre. Mgr le duc de Bourgogne y fut en conférence une heure et demie, et, après être convenus de leur fait, Mgr le duc de Bourgogne s'en retourna chez lui dépêcher des courriers dans tous les endroits où il les a crus nécessaires... (1). »

Mais, dès le lendemain, l'attention des généraux français était ramenée tout entière vers l'Escaut. Les messages se succédaient sans interruption au quartier général, d'accord pour annoncer l'évacuation du Furnembach et de Saint-Venant par les ennemis, un mouvement de Marlborough vers la Lys et le dessein manifestement avoué dans les rangs des alliés de secourir Bruxelles en forçant un passage, soit sur le canal de Bruges à Gand, soit sur l'Escaut. On peut même dire que, du 24 au 26 novembre, nos généraux furent tenus au courant, heure par heure, des mouvements de leurs adversaires et que, dans leur entourage, on s'attendait à une tentative prochaine des ennemis pour passer le fleuve à Gavere ou à Audenarde. Une lettre du gouverneur de Bruges, M. de Grimaldi, adressée au duc de Popoli à Madrid le 5 décembre 1708, lettre interceptée par Marlborough, ne laisse aucun doute à cet égard : « .....Nos

(1) M. de Saint-Fremond à Chamillart, au camp de Saulsoy, le 24 novembre 1708. Volume 2084. Arch. hist.

chefs ont été avertis à temps de tous les mouvements des ennemis, et moi-même, depuis le 21 que milord Marlborough a commencé à réunir ses forces, j'ai dépêché tous les jours des exprès au duc de Bourgogne et à l'Électeur pour leur donner part non seulement de la marche, mais aussi du dessein des ennemis de passer l'Escaut, l'ayant su d'une personne sincère et qui est près d'un des premiers généraux de Hollande. Mais, pour notre malheur, on n'a pas fait à temps les réflexions qu'on devait faire..... (1) »

M. d'Affry, l'un des aides de camp du duc de Bourgogne, mandait au duc du Maine le 26 novembre : « Les avis que nous avons nous confirment tous que les ennemis sont en pleine marche et que les troupes de M. le prince Eugène, aux bataillons près qui sont nécessaires à continuer le siège de la citadelle de Lille, ont joint le Milord. La tête de leurs troupes était, à ce qu'on prétend, la nuit dernière à Vive-Saint-Éloi. Votre Altesse Sérénissime juge sans doute que l'entreprise de Bruxelles les a obligés à ce mouvement. De Vive-Saint-Éloi, ils peuvent également se porter à Mariequerque (2) entre Gavere et Audenarde, ou à Audenarde même, mais, par le temps qu'il fait, les chemins étant aussi rompus qu'ils le sont, il est impossible qu'ils nous donnent le change si on y a attention et qu'on use sur cela des précautions nécessaires.....

« L'homme, dont je me sers ordinairement, revint hier à 8 heures du soir. Dans le compte qu'il rendit à Mgr le duc de Bourgogne, il lui dit les avoir vus en pleine marche, à 11 heures, à Harlebeke, que tous les gros équipages des officiers ont ordre de rester à Menin

---

(1) *The Letters and Despatches military of Marlborough*, tome IV, p. 346.

(2) Laethem-Sainte-Marie.

et à Courtrai, que les chariots dont ils ont tiré des grains du pays d'Artois et de la châtellenie de Cassel leur servaient à transporter les fourrages nécessaires à leur armée..... Je juge l'entreprise du passage des ennemis entre Gavere et Audenarde..... (1) »

Le même jour, M. de Saint-Fremond écrivait à Chamillart : « On a eu confirmation de toutes parts qu'hier le milord Marlborough, après avoir rassemblé ses troupes, était venu camper en deçà de la Lys, son quartier général à Harlebeke, et le prince Eugène avec sa cavalerie à Roubaix, que les gros bagages devaient demeurer à Courtrai et Menin, qu'il était resté vingt-quatre bataillons à Lille et quatre à la Bassée qui continuaient à s'y fortifier..... On apprend aujourd'hui qu'il est seulement vrai que le milord Marlborough a son quartier à Harlebeke, qu'il n'était passé que 5,000 hommes pour le couvrir, que le reste de l'armée était encore derrière la Lys et M. le prince Eugène avec sa cavalerie, comme j'ai dit, à Roubaix ; que le bruit courait parmi eux qu'ils voulaient marcher au secours de Bruxelles (2). »

---

(1) D'Affry au duc du Maine, le 26 novembre 1708, au Saulsoy. Volume 2108. Arch. hist.

(2) M. de Saint-Fremond à Chamillart, au camp de Saulsoy, le 26 novembre 1708, à 5 heures après midi. Volume 2084. Arch. hist. L'intendant de la Flandre maritime, M. Le Blanc, écrivait aussi à Chamillart, d'Ypres, le 2 décembre 1708 :

« J'ai reçu la lettre que vous m'avez fait l'honneur de m'écrire par laquelle vous doutiez que les ennemis marchassent du côté de Courtrai. Vous aurez vu, par ce que je vous ai mandé depuis, que j'étais bien sûr qu'ils marchaient pour passer l'Escaut. J'ai informé régulièrement Mgr le duc de Bourgogne et M. de Vendôme qu'ils se préparaient à passer en trois endroits ; mais après les dispositions que j'avais vu faire pendant que j'étais auprès de vous à Tournai, je ne me serais pas imaginé, Monsieur, que les ennemis eussent passé sans trouver aucune opposition..... » Volume 2086. Arch. hist.

Bien qu'il se refusât encore, dans sa lettre au Roi du 25 novembre, à admettre que Marlborough voulût tenter un mouvement qui aurait permis aux troupes françaises de se placer entre le prince Eugène et lui, le duc de Bourgogne reconnaissait que « beaucoup d'avis disent qu'ils veulent passer l'Escaut à Audenarde ou à Gavere (1) ».

A la fin, ébranlé par la concordance et la précision des rapports qui lui signalaient l'ennemi en marche vers l'Escaut, le jeune prince fit appeler M. de Saint-Fremond au milieu de la nuit du 25 au 26 novembre et lui fit part de son intention de renforcer, au point du jour, la position de M. de Souternon à Berchem et de dépêcher deux courriers, l'un à M. de Cheyladet pour renvoyer douze escadrons à l'armée, et l'autre à M. de La Mothe (qui, sur les mouvements de Marlborough, n'avait pas cru devoir se rendre de sa personne au Saulsoy), lui prescrivant de « faire venir de Gand M. le comte d'Estrades avec de l'infanterie, pour se placer sur les hauteurs de Gavere, en remontant jusqu'à l'embouchure de la Zwalm dans l'Escaut, et de faire remuer de la terre devant lui aux endroits où il croirait que l'ennemi pourrait plutôt tenter un passage (2) ». Saint-Fremond se chargea de porter sur l'heure ces propositions à Vendôme, qui les approuva et qui lui déclara que, « sans une colique qui le tourmentait, il serait parti sur-le-champ pour s'en aller audit Gavere donner ordre de ce qu'il y aurait à faire (3) ». Comme le duc de Bourgogne manifestait l'intention de se rendre à Berchem le 26, au point du jour, Vendôme lui fit répondre par Saint-Fremond qu'il s'alar-

(1) Le duc de Bourgogne au Roi, au camp de Saulsoy, le 25 novembre 1708. Volume 2084. Arch. hist.

(2) M. de Saint-Fremond à Chamillart, au camp de Saulsoy, le 26 novembre 1708, à 5 heures après midi. Volume 2084. Arch. hist.

(3) *Ibid.*

mait trop légèrement, que les ennemis n'avaient pas encore passé la Lys et que l'exécution des mesures arrêtées durant la nuit suffisait amplement à ses yeux pour répondre aux besoins de la situation (1).

Ces mesures apportèrent quelques changements à la situation de l'armée qui, le 26 novembre 1708, occupait les positions suivantes :

65 bataillons et 80 escadrons, placés sous le commandement du comte de La Mothe, étaient répartis derrière le canal de Bruges à Gand. Les troupes les plus voisines de cette dernière ville, soit huit bataillons et six escadrons, formaient un camp aux ordres du comte d'Estrades, auquel M. de La Mothe prescrivit, à la réception du courrier du duc de Bourgogne, de se mettre en marche dans la nuit du 26 au 27 novembre, afin d'arriver à Gavere le 27, à la pointe du jour. Pour occuper les retranchements de son camp d'Audenarde, M. d'Hautefort avait sous son commandement quatorze bataillons, vingt-cinq escadrons et vingt pièces de canon. A la nouvelle de l'approche des ennemis, il avait fait cesser les travaux de barrage qui avaient été commencés sur l'Escaut, sans résultat notable, auprès de l'abbaye d'Eename (2). Il venait de renvoyer à Tournai les dix pièces de 12 et de 8 qui garnissaient ses retranchements, et, en échange, M. de Souternon lui avait fait passer la brigade d'artil-

---

(1) M. de Saint-Fremond à Chamillart, au camp de Douai, le 1er décembre 1708, à 7 heures du soir : « ..... Je puis vous assurer, Monseigneur, que, sur les avis que Mgr le duc de Bourgogne avait reçus, son intention était de partir le 26 au point du jour de l'abbaye du Saulsoy. Il m'envoya le dire à M. de Vendôme qui ne le jugea pas à propos, disant, et même le 27 au matin, que les ennemis n'avaient point passé la Lys et qu'on s'alarmait trop légèrement. » Volume 2084. Arch. hist.

(2) Lettre de l'ingénieur de Candau à Chamillart, au camp près d'Audenarde, 26 novembre 1708. Volume 2084. Arch. hist.

lerie légère dont il avait jusqu'alors disposé à Berchem (1). En ce point, M. de Souternon n'avait plus sous la main que trois bataillons et dix escadrons auxquels vinrent s'ajouter, dans la journée du 26, neuf bataillons, la brigade des Irlandais et celle de Bourbonnais, envoyés comme renfort par le duc de Bourgogne sous les ordres du marquis de Nangis. Préoccupé de maintenir sa jonction avec M. d'Hautefort, Souternon posta ces neuf bataillons au village de Melden, sur l'Escaut, à une lieue plus bas que Berchem. Au camp d'Escanaffles, M. de La Chastre avait sous ses ordres cinq bataillons; au camp de Pottes, M. de Goësbriand commandait sept bataillons que joignirent, le 26, trois bataillons du régiment de Champagne, envoyés par le duc de Bourgogne. Ce dernier ne gardait plus au camp du Saulsoy que treize bataillons composant la brigade de Picardie et celle des Gardes. 90 escadrons étaient en majeure partie dans ce camp, détachant quelques escadrons à Pottes et à Escanaffles. M. de Cheyladet pouvait disposer sur la frontière de l'Artois, devant la Bassée que les ennemis venaient d'évacuer, d'environ 10 bataillons et d'une trentaine d'escadrons. En dehors de ce détachement, 54 bataillons et 125 escadrons assuraient la garde de l'Escaut, d'Audenarde à Tournai, sur un front de plus de 30 kilomètres (2).

Les événements ne devaient point tarder à montrer la faiblesse de ce dispositif d'une armée dont le morcellement brisait la force de résistance. Toutefois les mesures de précaution, arrêtées le matin du 26, eurent pour résultat de rendre à Vendôme sa confiance habituelle et

---

(1) Lettre de M. de Saint-Hilaire, commandant l'artillerie de l'armée, à Chamillart, au camp du Saulsoy, ce 26 novembre 1708. Volume 2084. Arch. hist.

(2) Voir les emplacements de nos troupes sur la carte.

lui donnèrent l'occasion d'affirmer hautement sa foi dans la solidité de notre barrière de l'Escaut. Le soir même du 26 novembre, il écrivait à Chamillart ces lignes qu'il devait amèrement regretter dans la suite, car, dans son aveugle assurance, il avait prié le Ministre de les mettre sous les yeux du Roi : « ..... On dit que les ennemis veulent forcer un passage sur l'Escaut ou sur le canal. De quelque côté qu'ils le déterminent, vous pouvez assurer Sa Majesté que nous sommes prêts à les bien recevoir..... Je me contenterai de vous dire que, par tout ce qui me revient, les ennemis sont dans un état violent, et je ne sais comment ils s'en tireront..... Je vous prie de lire cette lettre au Roi..... (1). » Sans partager le repos d'esprit de Vendôme, le duc de Bourgogne croyait avoir encore le temps de se porter le 27 à Berchem tandis que Vendôme, se sentant soulagé par les remèdes dont il venait de faire usage, comptait aussi s'établir le même jour devant Audenarde. Le jeune prince espérait encore que le Roi n'aurait qu'à se louer du dénouement de la campagne, et il lui écrivait le 26 novembre : « Depuis la lettre que j'ai eu l'honneur d'écrire hier à Votre Majesté, les ennemis ont fait un mouvement. Leur armée a passé la Lys et mis sa droite à Courtrai et sa gauche vers Saint-Éloy-Vive. Le prince Eugène a marché aussi avec une partie de la sienne et a couché cette nuit à Roubaix. Ainsi, il n'y a pas à douter qu'on ne les voie bientôt sur l'Escaut. Tous les bruits disent qu'ils veulent jeter leurs ponts entre Gavere et Audenarde vers l'embouchure de la petite rivière de Zwalm qui peut leur être avantageuse, si elle déborde, car l'eau en est présentement fort haute. Comme l'affaire de Bruxelles nous oblige à garder l'Escaut, j'ai fait

(1) Vendôme à Chamillart, au camp du Saulsoy, ce 26 novembre 1708. Volume 2084. Arch. hist. Voir cette lettre à l'appendice II.

marcher ce matin à Berchem les brigades de Bourbonnais et de Lee, faisant neuf bataillons, et celle de Champagne à Pottes. Je n'ai plus ici que la brigade des Gardes, celle de Picardie qui est à Hérines et la cavalerie que j'ébranlerai aussi, dès que je saurai les ennemis à marcher sur l'Escaut..... J'informe le comte de Bergheick de ce qui se passe ici afin que l'Électeur se règle sur ce qu'il croira pouvoir faire, car il se peut très bien que, malgré nos oppositions, les ennemis forcent un passage sur l'Escaut et, en ce cas, il serait en danger s'il continuait son siège..... J'espère que vous aurez lieu d'être content de nous dans ce dénouement..... (1) »

A l'heure où un courrier emportait à Versailles ces lettres de Vendôme et du duc de Bourgogne, le dénouement était commencé. Favorisées par « le plus beau temps du monde et un clair de lune admirable (2) », les colonnes ennemies étaient, depuis 4 heures du soir, en marche sur leurs objectifs de Gavere, de Kerkhove et d'Autryve. Lottum atteignit l'Escaut vers minuit, vis-à-vis de Gavere. Accompagné du gouverneur d'Audenarde, Chanclos, et des trois députés hollandais qui l'avaient suivi, Goslinga, van Collen et Rechteren, il se mit aux écoutes sur le bord du fleuve sans que rien troublât le silence de la nuit. A 2 heures du matin son pont était construit, et les grenadiers du régiment hollandais de Fagel commençaient le passage du fleuve. Heureux de prendre pied sur la rive droite de l'Escaut, les soldats « mettaient le nez au vent et disaient qu'ils sentaient déjà le pays de genièvre et de fromage d'Hollande, et qu'à cette heure chacun d'eux valait bien trois Fran-

---

(1) Le duc de Bourgogne au Roi, au camp du Saulsoy, le 26 novembre 1708. Volume 2084. Arch. hist. Voir cette lettre à l'appendice II.

(2) Mémoires de Goslinga, p. 85.

çais (1) ». Quelques paysans et le meunier de Gavere, amenés devant les généraux alliés, déclarèrent unanimement « qu'il n'y avait âme pour nous disputer le passage (2) ». Alléguant, au dire de Goslinga, les instructions de Marlborough qui lui prescrivaient de se retrancher après le passage du fleuve et de lui faire part du succès de son entreprise, le comte de Lottum se déclara néanmoins prêt à se rabattre sans retard sur le camp retranché d'Audenarde si les députés hollandais lui en donnaient l'ordre. Goslinga ayant seul appuyé ce dernier avis, Lottum se résolut à ne point pousser son mouvement plus avant et à ranger ses troupes en bataille face au village de Gavere (3).

A peu près à la même heure, Cadogan avait atteint l'Escaut au Nord du village de Kerkhove, en un point soigneusement reconnu par lui, où la rive gauche du

---

(1) Mémoires de Goslinga, p. 86.

(2) *Ibid.*, p. 87.

(3) Dans ses Mémoires, p. 87 et suivantes, Goslinga prétend que Marlborough aurait donné à Lottum des instructions en contradiction avec le langage que le général anglais avait tenu la veille en sa présence et devant le gouverneur d'Audenarde. Il se plaint amèrement de « la double conduite de Milord ». Bien qu'on retrouve, au ministère des Affaires étrangères, dans les volumes de la Correspondance d'Angleterre, trace d'une correspondance secrète très active entre Marlborough, le maréchal de Berwick et le marquis de Torcy pendant la campagne de 1708, il semble difficile d'admettre que Marlborough ait voulu, de parti pris, s'exposer à un échec et compromettre, par l'ambiguïté de ses ordres, le succès du passage de l'Escaut. Schulenbourg dit, dans sa Relation, que : « Milord Duc, croyant que les députés avaient été cause que le comte de Lottum n'était pas arrivé à temps sur les hauteurs d'Audenarde, lava le soir, après le passage de l'Escaut, la tête aux députés, leur disant qu'il prétendait qu'ils n'eussent aucune connaissance des ordres qu'il donnait, autrement il n'en donnerait plus de sa vie, et qu'ils ne se devaient mêler aucunement des affaires de guerre puisqu'ils n'y entendaient goutte et ne faisaient que les embrouiller et faire naître des difficultés mal à propos. »

fleuve dominait la rive droite. Le quartier-maître général de Marlborough avait observé que les patrouilles des Français passaient sur l'autre bord, près du cimetière de Berchem, de deux heures en deux heures. Aussitôt qu'on lui eut signalé le passage et l'éloignement d'une de ces patrouilles, Cadogan donna l'ordre de descendre les pontons dans la rivière. De l'Escaut montait une brume qui favorisa les travailleurs. Deux ponts furent jetés sans opposition de la part des Français, puis deux autres, et, avant que la brume qui enveloppait le fleuve disparût avec le jour, trente bataillons et cent escadrons, appuyés de la rive gauche par une batterie de trente pièces, avaient pris pied sur la rive droite de l'Escaut (1).

A son arrivée à Autryve, Eugène en avait occupé le château avec 200 grenadiers. Lui-même s'était porté de sa personne à la rencontre de Marlborough, à Waermaërde. Apprenant le succès de la tentative de Cadogan et informé que l'ennemi se tenait sur ses gardes à Escanaffles, le prince de Savoie fit descendre son corps vers les ponts de Kerkhove, à l'exception de six bataillons et de vingt-quatre escadrons qu'un de ses lieutenants, le général Spiegel, eut ordre de ramener sur-le-champ au siège de la citadelle de Lille (2).

Un rapide examen de la situation, du côté des Français, expliquera la facilité avec laquelle les alliés venaient de franchir l'Escaut. Sur l'ordre du comte de La Mothe, le comte d'Estrades s'était mis en marche de Gand vers Gavere, dans la nuit du 26 au 27 novembre, à la tête de huit bataillons et de six escadrons, mais « quelque diligence qu'il ait pu faire, il est arrivé trop tard et a trouvé

---

(1) D'après la Relation de Schulenbourg, tome Ier, p. 374.

(2) Schulenbourg, tome Ier, p. 374; *Die Feldzüge des prinzen Eugen*, tome X, p. 473.

les ennemis passés (1) ». L'apparition du comte d'Estrades devant le corps de Lottum produisit cependant un heureux résultat, car elle contribua à rendre les députés hollandais plus circonspects et plus indécis. Grâce au terrain semé de bois et de couverts, la faiblesse du détachement français échappa d'abord aux ennemis qui perdirent plusieurs heures à l'observer sans l'attaquer, et qui ne s'ébranlèrent vers Audenarde que dans l'après-midi du 27 novembre, trop tard pour que leur intervention sous les murs de cette ville pût être à Marlborough de quelque utilité.

M. de La Chastre avait été averti à temps, dans son camp d'Escanaffles, de la présence des ennemis à Autryve. Il les vit, à la clarté de la lune, occuper le cimetière de ce village, et, au jour, il fit saluer de quelques volées de canon leurs travailleurs occupés en cet endroit à la construction d'une batterie. Leur but atteint à Gavere et à Kerkhove, les ennemis se bornèrent devant Escanaffles à une démonstration, sans pousser plus loin leur tentative de passage du fleuve (2).

A Berchem, M. de Souternon avait passé la nuit sur le qui-vive. S'il faut en croire les lettres justificatives, empreintes d'un accent de sincérité, qu'il écrivit plus tard au Ministre (3), il aurait averti Vendôme à plusieurs reprises, dans l'après-midi du 26, de la présence des ennemis sur l'Escaut, sans que ce général consentît à ajouter foi à ses rapports. Sur un renseignement qui lui signalait l'ennemi prêt à tenter le passage du fleuve vers

(1) Lettre du comte de La Mothe à Chamillart, à Gand, ce 27 novembre 1708. Volume 2084. Arch. hist.

(2) D'après la lettre de M. de La Chastre à Chamillart, à Douai, le 2 décembre 1708. Volume 2084. Arch. hist. Voir cette lettre à l'appendice II.

(3) Lettres des 27 novembre, 12 et 19 décembre 1708. Volume 2084. Arch. hist. Voir ces lettres à l'appendice II.

Waërmaërde, Souternon s'y était porté en toute hâte. Après s'être rendu compte qu'il n'y avait sur ce point que des voitures et des pontons qui refluaient vers le Nord, il était revenu à Berchem poursuivre sa visite des bords de l'Escaut quand le major du régiment Dauphin, M. de Montmirel, lui apprit que les ennemis avaient construit un pont en aval de Kerkhove, entre ce village et le château d'Elseghem. Il s'y porta avec toutes ses forces, qui ne consistaient qu'en trois faibles bataillons et dix escadrons, mais déjà, autant que l'obscurité permettait d'en juger, l'ennemi avait jeté sur la rive droite du fleuve au moins dix bataillons et autant d'escadrons. Il fallait, pour marcher à eux, défiler entre l'Escaut et l'inondation en présentant le flanc au canon ennemi. Un seul des officiers de l'entourage de M. de Souternon demanda à charger les ennemis; les autres se prononcèrent pour un mouvement de retraite (1), et, sur leur avis, M. de Souternon se replia sur Berchem. Après s'être maintenu quelque temps aux abords de ce village, sous le feu des canons de Cadogan, dans le vain espoir d'y être rejoint par M. de Nangis, il battit en retraite au Sud, sur la Rosne, sans être inquiété. L'ennemi, grossissant à chaque instant, s'était étendu par sa gauche et n'avait laissé d'autre alternative à M. de Nangis, isolé à Melden, que celle de se retirer sur le camp de M. d'Hautefort.

Maîtres incontestés de la rive droite du fleuve, Eugène

(1) Vendôme à Chamillart, à Tournai, ce 29 novembre 1708 : « De tout ce qui était avec M. de Souternon lorsque les ennemis ont passé l'Escaut, il n'y a pas un homme qui n'ait opiné de se retirer. Il n'y a eu que M. de Zuniga, maréchal de camp des troupes d'Espagne et Espagnol de nation, qui ait voulu absolument les charger. Cela est bien honteux pour la nation, mais je n'en suis pas surpris. » Volume 2084. Arch. hist.

et Marlborough avaient aussitôt mis à profit les chemins aménagés par les Français pour descendre des hauteurs d'Audenarde, où était assis leur camp, vers l'Escaut. M. de Nangis fit sa retraite en homme de guerre, disputant pied à pied le passage du ruisseau d'Étichove, brûlant les ponts et les maisons aux abords de ce ruisseau. Quant au marquis d'Hautefort, il avait, à la nouvelle du passage des ennemis à Gavere et à Kerkhove, relevé tous ses postes, rompu les ponts de la Zwalm, fait filer ses bagages et son canon sur Grammont, attendu d'être joint par M. de Nangis, mis le feu à son camp et commencé vers midi sa retraite en bon ordre. « Pour la couvrir, il avait formé, dit Schulenbourg, deux colonnes de cavalerie, soutenues par 400 grenadiers, qui se jetaient dans les haies partout où ils le jugeaient le plus à propos, afin d'empêcher notre cavalerie de suivre avec trop de chaleur et de percer la leur. Un régiment de cavalerie irlandais des ennemis, de même qu'un de dragons, faisant l'arrière-garde, se sont retirés en très bon ordre et ont empêché les nôtres de les enfoncer, et on ne peut pas disconvenir que le comte d'Hautefort n'ait fait sa retraite en homme de guerre..... (1) » Ce fut le seul épisode consolant de cette journée. « Au milieu de nos malheurs, écrivait M. de Bernières à Chamillart le 29 novembre, la retraite de M. d'Hautefort fait grand honneur à la nation, au dire des ennemis..... (2) » Rendant justice à la belle conduite de M. d'Hautefort, le Ministre le félicita, par lettre du 2 décembre, sur cette retraite au cours de laquelle, au témoignage d'un officier ennemi, il s'était « comporté en vieux capitaine et jeune soldat (3) ». 45 officiers,

(1) Schulenbourg, tome Ier, p. 375.

(2) M. de Bernières à Chamillart, à Tournai, le 29 novembre 1708. Volume 2085. Arch. hist.

(3) Chamillart à M. d'Hautefort, à Versailles, le 2 décembre 1708.

700 hommes et 3 étendards tombèrent cependant aux mains des alliés qui arrêtèrent leur poursuite près de Grammont, d'où M. d'Hautefort put gagner Enghien sans être inquiété (1).

Au camp du Saulsoy l'alarme avait été tardive, ou plutôt il n'y avait pas eu, à proprement parler, d'alarme. La pensée de Vendôme et du duc de Bourgogne, endormie dans une fausse sécurité, était loin des événements qui se déroulaient sur l'Escaut. Au bruit du canon qui se fit entendre au point du jour du côté d'Audenarde et qu'on ne manqua pas d'attribuer, au camp du Saulsoy, à M. d'Hautefort, Vendôme prit les devants dans sa chaise. Le duc de Bourgogne ne s'ébranla que vers 8 heures du matin (2). Le Prince avait à peine quitté son quartier qu'un billet de M. de La Chastre lui apprenait le passage des ennemis à Berchem et leur présence à Autryve. Vendôme, arrivé à Pottes, eut un instant la pensée de faire avancer toutes les troupes de la droite pour attaquer les ennemis. Il dépêcha à cet effet un aide de camp au duc de Bourgogne, mais ce dernier, se rendant compte que la partie était définitivement perdue et qu'il fallait passer la Rosne pour marcher aux ennemis maîtres des hauteurs qui commandaient cette rivière, lui fit dire de l'attendre avant d'engager une action. A son arrivée à Pottes, le duc de Bourgogne trouva Vendôme qui, de lui-même, avait déjà renoncé à poursuivre son mouvement et faisait replier les troupes sur Tournai. Elles campèrent le soir sous les murs de cette ville, au nombre de trente et un bataillons et de cent escadrons (3).

Volume 2084. Arch. hist. Voir aussi à l'appendice II la lettre de M. d'Hautefort au Ministre, du 29 novembre 1708.

(1) Schulenbourg, tome Ier, p. 375.

(2) Lettre de M. d'Affry au duc du Maine, le 27 novembre à 8 heures du matin. Volume 2108. Arch. hist. Voir cette lettre à l'appendice II.

(3) Voir à l'appendice II les lettres du duc de Bourgogne et de

A la même heure, Marlborough et Eugène tenaient à Audenarde un conseil de guerre. Tandis que le prince de Savoie reprenait le 28 le chemin de Lille, Marlborough, se rendant aux appels réitérés des députés hollandais à Bruxelles, continuait son mouvement sur cette ville par Alost. Lui-même prenait les devants avec soixante escadrons et deux bataillons du régiment des Gardes, et il avait la satisfaction d'apprendre par un postillon, le soir du 28, à son entrée dans Alost, la levée du siège de Bruxelles. Avec une escorte, il gagnait le 29 la capitale du Brabant, où il trouvait « tout le monde dans une grande joie pour leur délivrance (1) », et où il demeurait le temps nécessaire pour féliciter la garnison de « sa vigoureuse défense (2) ».

L'entreprise de Max-Emmanuel devant cette ville n'avait pas été couronnée d'un meilleur succès que la défense de l'Escaut.

Dans la nuit du 25 au 26 novembre, l'Électeur était enfin parvenu à mettre huit pièces en batterie à force de bras et avec des attelages doublés, tant le sol était détrempé par les pluies. Le 26, à cause d'un brouillard, cette batterie ne put tirer en brèche qu'à 9 heures du matin : elle fut vigoureusement contre-battue par plusieurs batteries des assiégés qui lui tuèrent un certain nombre de canonniers. L'Électeur fut même obligé d'abandonner son logement d'Etterbeck que les boulets atteignirent à plusieurs reprises.

M. de Bergheick, fâcheusement impressionné par ce

Vendôme au Roi, du 28 novembre 1708, et la lettre de M. de St-Fremond à Chamillart, du même jour.

(1) Marlborough au prince Eugène, au camp d'Alost, le 30 novembre 1708. Murray, tome IV, p. 327.

(2) Marlborough à Boyle, Bruxelles, 29 novembre 1708. Murray, tome IV, p. 326.

début, se montrait déjà moins confiant dans le succès de son entreprise. « Ce sera, écrivait-il à Chamillart le 26, assurément un miracle si Son Altesse Électorale prend Bruxelles avec les troupes qu'il a avec lui, mais un miracle naturel si la bourgeoisie, sur laquelle on a compté, nous assiste, ce que nous verrons dans deux ou trois jours..... Les ennemis ont opposé de nouvelles batteries qui battent la nôtre de revers. Nous avons d'ailleurs peu de canonniers et nous sommes un peu dérangés en tout..... Les ennemis tirent fortement et bien, et nous ont tué et blessé aujourd'hui quelques officiers et soldats..... (1) »

Ne pouvant, avec ses faibles forces, commencer une attaque en règle, Max-Emmanuel se résolut à brusquer sans délai l'assaut du chemin couvert, et, suivant l'issue de cette entreprise, à poursuivre ou à lever le siège de Bruxelles. Cette attaque eut lieu le 26, à 8 heures du soir. Elle fut menée vigoureusement par l'assaillant. Ses grenadiers pénétrèrent dans deux angles du chemin couvert et s'y maintinrent après une lutte fort vive, neuf attaques, dit la lettre des députés hollandais aux États-Généraux du 27 novembre 1708 (2). Mais nos travailleurs, soumis à un feu meurtrier de grenades dont nos troupes étaient dépourvues, ne tardèrent pas à se débander et à chercher un abri dans les haies avoisinantes. Tous les ingénieurs qui marchaient avec les colonnes d'attaque étant tués ou blessés, le travail resta sans direction, et, vers 6 heures du matin, l'assiégé finit par rentrer en possession, l'épée à la main, des deux angles dont les Français s'étaient rendus maîtres pendant la nuit. Nos troupes, fort éprouvées, étaient

(1) M. de Bergheick à Chamillart, au camp d'Ixelles, le 26 novembre 1708. Volume 2084. Arch. hist. Voir cette lettre à l'appendice III.

(2) Voir cette lettre à l'appendice III.

hors d'état de renouveler le long effort qu'elles venaient de fournir. La fatigue et le mauvais temps les accablaient. « Jamais, mandait à Chamillart M. Buisson qui, comme brigadier, avait pris part à cette attaque, l'infanterie n'a tant souffert par la pluie, par le froid et par la fatigue. Les soldats étaient vingt-quatre heures un pied avant dans la boue, sans pouvoir se chauffer. Il n'y avait pas de quoi relever la tranchée, et il fallut prendre de ceux qui la descendaient pour remplir le nombre de ceux qui la devaient monter..... (1) » Quelques bombes, jetées dans la ville, n'y avaient occasionné aucune alarme. Ainsi que Max-Emmanuel en informait Louis XIV le 29 novembre, « les bourgeois n'ont jamais osé s'attrouper. Bien au contraire, le commandant leur ayant demandé de prendre les armes pour la défense de la ville pour l'archiduc, ils ont répondu que, comme ils ne les ont pas prises contre eux, quand ils sont entrés dans Bruxelles, ils en feraient de même présentement à notre égard; que, pourtant, ils promettaient de ne se point remuer et qu'ils souffriraient d'être bombardés et brûlés sans s'émouvoir, comme effectivement ils avaient mis des gardes bourgeoises dans les carrefours pour empêcher les désordres, de quoi le commandant se déclarait content et ne demandait pas autre chose. C'était la résolution que les dits bourgeois m'ont fait savoir d'avoir prise et qu'ils ne sauraient faire autre chose en ma faveur..... (2) »

---

(1) M. Buisson à Chamillart, de Mons, ce jeudi 29 novembre 1708. Volume 2084. Arch. hist. Voir, à l'appendice III, cette lettre de M. Buisson qui renferme la meilleure des relations du siège de Bruxelles, du côté français.

(2) Max-Emmanuel à Louis XIV, à Mons, du 29 novembre 1708. Vol. 2084. Arch. hist. En rendant compte, le 28 novembre, aux États-Généraux, de la levée du siège, le général Pascale disait : « On doit attribuer ce bon succès à la fermeté et résolution que les députés de

Avec sa bravoure habituelle, Max-Emmanuel s'était dépensé au siège sans compter. Il « s'était donné partout de très grands mouvements à la marche de l'artillerie, à la tranchée et aux batteries, animant les soldats par sa présence et par ses libéralités, venait à tout moment nuit et jour à la tranchée visiter les travaux et examiner si rien ne manquait et si ses ordres étaient suivis... (1) ». Devant l'insuccès de l'attaque du chemin couvert, l'épuisement de ses troupes, la tranquillité des bourgeois de Bruxelles, l'Électeur avait enfin pris le parti de retirer son canon dans la nuit du 27 au 28 novembre et de se replier le 28 sur Mons, quand, le 27, vers 9 heures du soir, un capitaine de cavalerie du régiment d'Egmont, venant de Gavere, lui apporta la nouvelle du passage de l'Escaut par les alliés (2). En même temps, Max-Emmanuel était averti que, dans la nuit du 26 au 27 novembre, le gouverneur d'Ath, profitant de l'affaiblissement de la garnison de Saint-Ghislain, employée presque tout entière à l'escorte du pain jusqu'à l'armée de l'Électeur, avait surpris cette ville et forcé les 150 hommes qui l'occupaient à se rendre prisonniers. Craignant le même sort pour Mons qui était entièrement dégarnie de troupes, s'imaginant que Marlborough avait détaché un corps de cavalerie pour lui couper sa retraite, s'attendant déjà à voir les ennemis paraître devant Bruxelles le lendemain à midi, Max-Emmanuel ne songea plus

---

Vos Hautes Puissances ont témoignées dans cette occasion, et leur présence a excité une telle fermeté et confiance parmi la bourgeoisie qu'elles ne peuvent être assez prisées, de même que leurs bourgmestres, touchant leur zèle et valeur dans l'exécution de tout ce que l'on souhaitait d'eux. » *Mercure historique* de 1708.

(1) M. Buisson à Chamillart, de Mons, ce jeudi 29 novembre 1708. Volume 2084. Arch. hist.

(2) M. de Bergheick à Chamillart, Mons, le 29 de novembre 1708. Volume 2084. Arch. hist. Voir cette lettre à l'appendice III.

qu'à abandonner au plus tôt son entreprise. Sa retraite précipitée revêtit les allures d'une fuite. Le 27, à 10 heures du soir, prenant les devants avec cinq escadrons de ses gardes et un régiment de dragons, il revint en toute hâte à Mons, laissant au comte d'Arco le soin de ramener son infanterie et de renvoyer son artillerie à Namur. Comme le temps faisait défaut pour réunir des attelages en nombre suffisant, les paysans qui avaient amené l'artillerie ayant presque tous déserté, le comte d'Arco eut la douleur et la honte d'abandonner, en pleine nuit, non seulement 8 canons et 2 mortiers en batterie, 4 pièces et quelques chariots de munitions laissés au parc près d'Etterbeck, mais encore tous les blessés du combat de la veille, au nombre de 800 environ. Toutefois, la présence du corps de M. d'Hautefort à Enghien, l'envoi d'un détachement de Tournai aux ordres de M. d'Albergotti, permirent à l'Électeur de rentrer, dès le 1er décembre, en possession de Saint-Ghislain et des importants approvisionnements que cette place renfermait.

Ainsi se terminèrent, par un double désastre, la tentative de surprise de Bruxelles par l'Électeur de Bavière et la défense de l'Escaut par notre armée. Entreprise hâtivement, avec des forces insuffisantes, sans autre fondement que de vagues promesses de la bourgeoisie, l'attaque de Bruxelles n'avait inspiré à Louis XIV et à Chamillart qu'une médiocre confiance. Il n'en était pas de même de la garde de l'Escaut. Après les travaux exécutés sur les bords de ce fleuve pendant plus de deux mois et les inondations tendues sur une partie de son cours, l'opinion publique se prononça avec force contre nos généraux qui s'étaient laissés surprendre, connaissant dans les moindres détails les intentions et les mouvements de leurs adversaires, et n'avaient su, sur aucun point, s'opposer au passage de l'ennemi. Comme l'écrivait Marlborough au roi de Prusse (1), le passage du fleuve s'était fait « à la barbe » des Français, sans que les alliés eussent perdu un homme et avant même qu'ils eussent tiré un coup de canon. « On ne sait, écrivait l'un des aides de camp du duc de Bourgogne, M. d'Affry, au duc du Maine, de quelle manière s'y prendre pour rendre compte de ces sortes d'aventures. Les ennemis ont établi leur pont, passé plus de 6,000 hommes sans qu'on en ait su le premier avis, ni par conséquent tiré un coup de mousquet sur eux..... (2) » « L'affaire de l'Escaut, disait M. de Bernières dans une lettre à Chamillart du 3 décembre 1708, ne se peut effectivement attribuer qu'au manque d'arrangement et de ne s'être pas porté en avant avec toute l'armée quand on a su que les ennemis marchaient du côté de Pottes, d'Audenarde et de Gavere, dont on a été très bien informé deux jours consécutifs, parce que, si on avait proportionné nos mouvements aux leurs en s'étendant le long de la rivière et abandonnant les postes sur lesquels il n'y avait plus de jalousie à prendre, on aurait été en état de leur disputer le passage en force, au lieu qu'il y avait plus de deux heures que le canon des ennemis tirait et qu'ils passaient à Berchem et à Gavere lorsque nous nous mîmes en mouvement du camp du Saulsoy..... (3) »

Vendôme essaya de se justifier auprès du Roi en accusant M. de Souternon (4) de négligence et d'incapacité,

---

(1) Marlborough au roi de Prusse, au camp d'Audenarde, le 27 novembre 1708. Murray, tome IV, p. 324.

(2) M. d'Affry au duc du Maine, le 29 novembre 1708, à Tournai. Volume 2108. Arch. hist.

(3) Volume 2085. Arch. hist.

(4) « On tomba rudement sur Souternon, dit Saint-Simon; il écrivit de longues justificatives. Le fait est qu'il pouvait être plus vigilant et surtout plus entendu en sa retraite et à donner mieux ordre à celle des autres quartiers; mais, avec toute la vigilance possible, il n'eût pu

en faisant valoir qu'il n'avait pas toujours été partisan de la garde du fleuve (1), en allant jusqu'à prétendre, dans une lettre au Ministre (2), que si M. de Souternon avait pris le parti de charger les ennemis et qu'on eût fait avancer M. de La Chastre et M. de Goësbriand, il serait arrivé à temps. Le duc de Bourgogne, de son côté, ne manqua point de dire, avec plus de vérité, qu'il avait toujours appréhendé les suites fâcheuses du maintien de notre armée sur l'Escaut. Dans sa réponse à Vendôme du 29 novembre 1708, le Roi ne cacha pas sa douleur du triste dénouement de cette campagne. « Il aurait été à désirer que mon armée eût été séparée d'une manière plus honorable et qu'elle ne se fût pas retirée comme si elle s'était débandée (3). » Malgré son expérience, le général de notre armée de Flandre s'était refusé à voir le vice de ce dispositif d'une armée dispersée sur plus de vingt lieues en un cordon mince et faible partout, que

---

empêcher le passage avec le peu de troupes qu'il avait et en un endroit de l'Escaut où le mousquet portait bien plus loin que le travers de la rivière. Néanmoins il en fut la victime. Le maréchal de Villeroy alors était perdu; son oncle, le P. de La Chaise, était mourant; ainsi privé de ces deux appuis, et ayant affaire à M. de Vendôme, par conséquent peu soutenu du comte de Toulouse, duquel il était capitaine des Gardes, il perdit sa fortune, et n'a pas servi depuis. » *Mémoires de Saint-Simon*, tome XVI, p. 463. Édition de Boislisle.

(1) Voir, à l'appendice II, les lettres de Vendôme et du duc de Bourgogne au Roi, du 28 novembre 1708, et la lettre de Vendôme à Chamillart, du 29 novembre 1708.

(2) Le 29 novembre 1708, en exprimant à Chamillart ses regrets d'apprendre qu'aucun officier de l'entourage de M. de Souternon, à l'exception de M. Zuniga (voir la note 1 de la page 42), n'avait proposé de charger les ennemis, Vendôme ajoutait : « Si on avait pris ce parti et fait avancer M. de La Chastre et de M. de Goësbriand, j'y serais arrivé à temps. Il est bon que le Roi en soit informé. » Volume 2084. Arch. hist.

(3) Louis XIV à Vendôme, à Marly, le 29 novembre 1708. Volume 2084. Arch. hist.

l'ennemi, de sa position centrale, devait faire tomber à son gré. Dès cette heure, Vendôme perdit sans retour la confiance renaissante du duc de Bourgogne qui, après avoir réuni ses forces sous les murs de Douai, n'eut plus qu'une pensée : celle de séparer l'armée et d'obtenir le rappel immédiat de Vendôme à la cour. Le jeune prince, qui ne tardait pas à obtenir gain de cause sur ces deux points, ne dissimulait pas ses sentiments à l'égard de son collègue dans sa lettre à Chamillart du 4 décembre 1708 : « Il est plus piqué que jamais et par conséquent plus à craindre. Ainsi le plus tôt qu'il pourra quitter ceci sera le mieux, car j'appréhende toujours qu'il ne roulât quelque chose directement sur lui (1). »

Du côté des alliés, Marlborough et Eugène avaient le droit d'être fiers de leur nouveau succès. Les sages dispositions du premier lui donnaient lieu d'espérer des résultats plus décisifs de sa brillante opération, l'enveloppement et la destruction du corps français campé devant Audenarde. Si quelques fautes d'exécution au cours de la manœuvre avaient permis à M. d'Hautefort d'échapper à l'étreinte des alliés, Eugène et Marlborough n'en avaient pas moins pleinement atteint leur but principal : la levée du siège de Bruxelles, la réouverture de leurs communications avec le Brabant, la certitude de se procurer les approvisionnements en vivres et en munitions nécessaires à l'achèvement du siège de la citadelle de Lille. Réduit à 20,000 livres de poudre, n'ayant plus qu'une distribution de quelques jours de pain assurée, le maréchal de Boufflers reçut à temps un ordre formel

(1) Le duc de Bourgogne à Chamillart, à Douai, le 4 décembre 1708. Volume 2084. Arch. hist. Il est juste de dire que Vendôme s'était énergiquement opposé à la séparation de notre armée, prévoyant que cette séparation laisserait le champ libre aux alliés et leur permettrait de reprendre Gand et Bruges au cœur de l'hiver. Ses prévisions ne devaient pas tarder à se réaliser.

du Roi de cesser sa glorieuse résistance (1). Le 11 décembre 1708, la garnison de la citadelle de Lille s'éloignait des murs de cette ville où, pendant quatre mois, elle avait tenu en échec les forces de la coalition et balancé, avec le seul secours de son courage, la fortune d'Eugène et de Marlborough. L'immortelle défense de Boufflers était venue à son heure pour relever les cœurs abattus, consoler la France et son Roi de cette fin lamentable de la campagne de 1708 et effacer en partie le douloureux affront que nos armes avaient reçu au passage de l'Escaut.

---

(1) Pour vaincre les hésitations de Boufflers à cesser une lutte inégale, il ne fallut pas moins que cette lettre du Roi, du 1er décembre 1708, qui lui parvint le 5 décembre : « Mon cousin, les ennemis ayant passé l'Escaut sans aucune opposition, le duc de Bourgogne a pris le parti de partager l'armée qu'il commandait, dont la meilleure partie est restée sur la frontière, à portée de Lille, dans l'Artois, et à Gand et à Bruges. Quoiqu'il y ait un nombre considérable de troupes dans les places qui environnent celle de Lille, j'ai peine à croire que le duc de Marlborough ne trouve pas des facilités à faire passer des munitions de guerre par Audenarde, et que vous ne vous trouviez enfin forcé de rendre la citadelle après une défense des plus longues et bien au delà de mes espérances. Il eût été à désirer, qu'avant de vous déterminer à rendre la citadelle aux ennemis, ils eussent renversé la maçonnerie des ouvrages, du côté de l'attaque. Je suis persuadé que vous en connaissez l'importance. J'ai cru néanmoins que je devais vous prévenir sur les suites fâcheuses que pourrait avoir une défense trop opiniâtre de votre part, et je vous ordonne de remettre la citadelle aux ennemis lorsque vous croirez ne la pouvoir plus tenir sans courir le risque de n'avoir point de capitulation pour vous et votre garnison. Je ne vous recommande point de ne faire usage de l'ordre que je vous donne que le plus tard possible. J'ai trop éprouvé votre bonne volonté pour avoir d'autre inquiétude que celle qui vous regarde personnellement. » Volume 2084. Arch. hist.

APPENDICE I.

Lettres relatives aux inondations et à la visite de l'Escaut.

M. de Bernières à Chamillart.

A Tournai, le 12 novembre 1708.

Nous travaillons fortement à nous mettre en état de former l'inondation depuis Tournai jusqu'à Audenarde. Les bateaux sont actuellement chargés de pierres et autres choses nécessaires; les fascines sont faites; le tout sera demain sur les lieux, et on travaillera dès après-demain à enfoncer lesdits bateaux et à barrer absolument la rivière. Je me transporterai sur les lieux à la fin de la semaine pour voir moi-même le succès du travail et vous en rendre compte. Bien des gens, même des ingénieurs, prétendent que cela ne réussira pas parce qu'il y a plus de vingt pieds de pente d'ici à Berchem et que les eaux qui déborderont auprès du travail qu'on va faire reprendront leur cours au-dessous, mais il ne faut pas plaindre sa peine, et je vous assure, Monsieur, que je m'y emploierai de tout mon pouvoir.

Au reste, nous nous affaiblissons beaucoup de toutes parts, l'entrée d'un corps de troupes ennemies dans le Furnembach ayant obligé M. de Vendôme de faire un détachement des troupes qui sont aux environs de Bruges, et ce qui se passe en Artois, où les ennemis sont jusques à Lens et travaillent, ayant fait faire encore un nouveau détachement d'ici de quatre bataillons et six escadrons, ce qui me fait craindre qu'à force de vouloir tenir tous les pays nous n'en tenions aucun de la manière qu'il serait à désirer (1).

---

(1) Volume 2085. Arch. hist.

Le duc de Bourgogne au Roi.

Au camp du Saulsoy, le 15 novembre 1708.

Je visitai hier les retranchements de Pottes et d'Escanaffles. Je les trouvai en assez bon état. J'irai dans peu de jours voir ceux d'Audenarde et je tâcherai même d'aller jusqu'à Gavere. Après quoi, j'aurai l'honneur d'en rendre compte à Votre Majesté; mais je prends la liberté de vous dire qu'à moins que l'inondation à laquelle on travaille ne se fasse absolument et qu'il n'y en ait une aussi à Gavere, une aussi grande étendue sera extrêmement difficile, pour ne pas dire impossible à garder, quand les ennemis voudront y faire un passage avec leurs forces réunies (1).

Le duc de Bourgogne au Roi.

Au camp du Saulsoy, le 17 novembre 1708.

Votre Majesté saura déjà sans doute que les ennemis ont poussé des corps à Cassel et à Saint-Venant et qu'ils continuent d'enlever de tous côtés des grains et des fourrages. Le duc de Vendôme m'avait aussitôt, sur les lettres du sieur de Cheyladet (2) et du comte de Sésanne (3), proposé d'y envoyer huit bataillons pour les en chasser. J'ai songé d'abord que je ne pouvais faire un tel détachement sans changer le système de garder l'Escaut où il s'en faut bien que l'inondation ne soit formée et qu'il fallait que Votre Majesté l'approuvât auparavant. Je lui ai fait cette réponse, mais il m'en a pressé tellement, m'en représentant la conséquence d'ôter aux ennemis la faculté de leurs subsistances que je n'ai pas cru devoir le lui refuser. Ainsi, huit bataillons et six escadrons doivent incessamment marcher pour renforcer ce côté. Sur cela, j'ose représenter à Votre Majesté que nous tombons peu à peu dans ce que j'ai pris la liberté de vous écrire il y a six semaines, car, voulant tout garder, les ennemis nous perceront par où il leur plaira. Le duc de Vendôme n'en convient pas. Il croit qu'il sera toujours assez à temps de retirer ses troupes soit de l'Artois, soit de Gand pour défendre le passage de l'Escaut, mais il est aisé de voir que les ennemis, étant au centre, ont toujours un chemin bien plus court à faire que tous nos

(1) Volume 2084. Arch. hist.
(2) Lieutenant général commandant sur la frontière de l'Artois.
(3) Maréchal de camp aux ordres de M. de Cheyladet.

détachements et corps séparés pour se porter à tel point de la circonférence qu'il leur plaira (1).

M. de Bernières à Chamillart.

A Tournai, le 18 novembre 1708.

Notre inondation est encore fort incertaine. Le travail est pénible et long parce que le gouverneur d'Audenarde a ouvert toutes les écluses, ce qui rend l'Escaut d'une rapidité inconcevable. On tâche à surmonter les difficultés. Mgr le duc de Bourgogne va demain visiter le travail, d'où il ira jusques au camp de M. d'Hautefort et à Gavere. Il couchera deux nuits dehors (2).

M. de Bernières à Chamillart.

A Tournai, le 20 novembre 1708.

Quelques soins qu'on se soit donnés pour barrer entièrement l'Escaut, le bateau qui était placé sur les autres a crevé, et la digue a été emportée par la rapidité de l'eau causée parce que le gouverneur d'Audenarde, après avoir retenu les eaux, a ouvert toutes ses écluses avec violence, mais l'eau ne laisse pas d'être répandue en bien des endroits des deux côtés de la rivière, de manière que le passage n'en serait pas praticable à présent depuis Berchem jusques à Hérines. Je ne sais pas si cela durera longtemps (3).

M. de Mesgrigny à Chamillart.

De la citadelle de Tournai, le 21 novembre 1708.

Monseigneur,

J'ai bien de la douleur de vous apprendre que le bateau, qui était au-dessus des deux autres coulés à fond, a été emporté par la violence et le grand poids des eaux ; cependant, nous ne laisserons pas de tirer un bon usage des deux qui restent à fond qui, remplissant le lit de la rivière de six pieds de hauteur, nous donneront la facilité, en doublant le volume des eaux par le moyen des inondations que nous avons formées à Condé,

(1) Volume 2084. Arch. hist.
(2) Volume 2085. Arch. hist.
(3) Volume 2085. Arch. hist.

Douai et Valenciennes, d'inonder toutes les prairies jusqu'à Audenarde en faisant des ouvertures dans les crêtes de l'Escaut vis-à-vis les prairies les plus basses ; c'est à quoi je vais employer tous mes mineurs pour ne point perdre de temps. C'est le sentiment de M. de Souternon aussi bien que le mien.

Les prairies sont déjà inondées depuis la Rosne jusqu'à Audenarde et une partie de celles qui se trouvent entre Hérines et Pottes.

Si les ennemis les tirent par le moyen des sangsues qu'ils feront, nous aurons toujours la facilité de les entretenir par celles que nous leur enverrons de temps à autre. Ainsi, nos peines ne seront pas inutiles.

J'aurai l'honneur de vous rendre compte de l'avancement de nos coupures et du bon effet qu'elles feront par le lâcher de nos eaux (1).

Je suis, etc.

De Mesgrigny.

M. Candau (2) à Chamillart.

Au camp près d'Audenarde, 21 novembre 1708.

Monseigneur,

Il y a trois jours que je reçus la lettre qu'il vous a plu de m'écrire le 12 du courant, avec la copie y jointe de celle de M. Le Blanc (3), au sujet du terrain élevé que M. de Faucocourt, lieutenant-colonel du régiment de Cappy, lui a fait remarquer au-dessous de l'abbaye de Petegem, de quatre à cinq cents toises de front, que l'on a cru marais, et que cependant il juge très praticable ainsi qu'il est vrai, et il y a longtemps, Monseigneur, que MM. les marquis d'Hautefort et de Dreux (4) ont reconnu la nécessité qu'il y aurait d'occuper ce susdit terrain par quelque poste et d'y faire quelque retranchement, mais comme ils n'ont pas suffisamment de troupes ni de pionniers et que, depuis Tournai jusqu'à Gand, il y a un grand nombre d'autres semblables terrains le long de l'Escaut qui ne sont point marais et qui ne se peuvent point inonder, et où il n'y a point non plus ni postes ni retranchements et par où les ennemis pourraient facilement déboucher, ils se renferment (ne pouvant faire mieux) à faire patrouiller dans ces endroits-là. Mgr le duc de Bourgogne, qui arriva à ce camp avant-hier et qui fut hier à Gavere, côtoyant l'Escaut depuis son

(1) Volume 2084. Arch. hist.
(2) Ingénieur à la suite de l'armée.
(3) Intendant de la Flandre maritime.
(4) Maréchal de camp aux ordres de M. d'Hautefort.

quartier du Saulsoy où il s'en est retourné aujourd'hui, n'a rien ordonné de nouveau, que je sache, touchant tant d'endroits défectueux, qu'on lui a néanmoins fait remarquer, et il semble même que ce prince ne juge pas présentement que l'Escaut soit autrement soutenable, et qu'il a des vues plus solides que celles de s'imaginer qu'on puisse empêcher les ennemis de franchir cette rivière quand il leur plaira, et grand nombre d'autres personnes de caractère en ont même opinion. Cependant, Monseigneur, on ne laisse pas de continuer le travail de la nouvelle avant-ligne de retranchements qu'on a commencée par vos ordres devant cette place, qui aura quinze à seize cents toises de circuit, et quoique la digue qu'on faisait en travers de l'Escaut auprès du quartier de M. le marquis de Souternon n'ait pas eu le succès dans son exécution qu'on s'était proposé, puisqu'elle a été emportée par la violence des eaux auparavant d'être achevée, cet exemple n'empêche point que nous n'allions entreprendre demain ou après le travail de celle qui a été méditée de faire auprès de l'abbaye d'Ecname à l'extrémité des premiers retranchements, dans la pensée qu'on pourra inonder les prairies qui sont entre ces retranchements et Audenarde, et ce sera par un pilotage et non point avec des bateaux, toutes les choses nécessaires nous venant de Gand pour cet ouvrage-là (1).

J'ai l'honneur, etc.

CANDAU.

M. d'Affry au duc du Maine.

J'ai eu l'honneur de mander à Votre Altesse Sérénissime que nous devions visiter nos postes sur l'Escaut et les bords de cette rivière. Nous avons été dîner le 19 à Berchem, quartier que commande M. de Souternon. On travaillait un peu, au-dessus de ce village, à une digue pour retenir les eaux de l'Escaut, les faire remonter du côté d'Escanaffles et les faire répandre dans le terrain qui est au nord de cette rivière, jusque dans les marais qui règnent au-dessus d'Audenarde. Ces deux effets se faisaient déjà remarquer à notre passage, mais soit qu'on n'ait pas travaillé assez solidement à cet ouvrage ou qu'on ait manqué à la célérité qui y était nécessaire, le courant de l'eau s'est fait jour en renversant une barque chargée de pierres qui avait été enfoncée à ce sujet. Nous avons de là été visiter le camp retranché sur les hauteurs d'Audenarde. Les lignes qui y sont établies embrassent cette ville et, soutenues par les troupes nécessaires, ôteraient tous moyens d'y établir des ponts, de se former, et par conséquent de

(1) Volume 2084. Arch. hist.

déboucher devant ce poste. Le terrain que nous avons examiné hier d'Audenarde à Gavere est d'un accès assez facile. Il n'y a pas de marais et les plaines, des deux côtés de la rivière, sont assez vastes. Un officier d'artillerie qui sans doute, Monseigneur, vous en aura rendu compte, a offert ce matin d'inonder cette partie par cinq digues qu'il propose de faire et ne demande que 700 francs pour chacune. On les lui a promis et expédié les ordres nécessaires à M. d'Hautefort et de Capres (1) qui est à Gand pour lui en faciliter les moyens. Nous avons passé les nuits des 19 et 20 à l'abbaye d'Ename. Audenarde m'a paru une place médiocrement fortifiée, assez mal tenue, dont presque tous les ouvrages sont de terre, et dont la force principale consiste aux eaux (2).....

Au Saulsoy, le 21ᵉ novembre 1708.

M. de Saint-Fremond à Chamillart.

Au camp de Saulsoy, le 22 novembre 1708.

Monseigneur,

En partant d'ici lundi matin, comme j'ai eu l'honneur de vous le mander le même jour, Mgr le duc de Bourgogne alla visiter le travail de la digue de l'Escaut que vous aviez résolu avec M. de Mesgrigny à la citadelle de Tournai, mais l'exécution en a été si mal concertée que Mgr le duc de Bourgogne gronda fort l'ingénieur qui en était chargé. En premier lieu, les bateaux étaient vieux et pourris, en sorte que ceux de dessus n'ont pas pu soutenir la force de l'eau qui les avait déjà mis sur le côté quand Mgr le duc de Bourgogne y arriva, et, vingt-quatre heures après, la digue a été emportée, à la réserve des deux premiers bateaux chargés de pierres qui étaient à fond, mais cela n'empêche point que la rivière n'ait repris son grand courant.

Le sieur Dugué, officier d'artillerie, s'offrit hier que, moyennant la somme de 700 ou 800 francs de chaque digue, il en ferait une de terre en trois jours de temps, pourvu qu'on lui fournît des travailleurs, des hottes, brouettes, bêches et hoyaux pour contenir les eaux et les faire déborder dans les prairies, et qu'en cas que cela ne réussît pas, il consentait d'en être pour les frais. Ce sont de ces propositions qu'il ne faut point refuser, aussi Mgr le duc de Bourgogne n'a-t-il pas tardé un moment à donner les ordres nécessaires audit sieur Dugué pour le mettre en besogne du côté de Gavere.

---

(1) Gouverneur de Gand et lieutenant général aux ordres de M. de La Mothe.

(2) Volume 2108. Arch. hist.

Mgr le duc de Bourgogne, continuant sa marche, alla dîner chez M. de Souternon qui lui fit bonne chère. Partant de là suivant les bords de l'Escaut, il voulut lui-même, avec Mgr le duc de Berry, accompagnés de peu d'autres gens, reconnaître de bien près la partie des fortifications d'Audenarde en deçà de l'Escaut. De là, ils s'en furent le long des retranchements de la hauteur d'Audenarde et couchèrent à l'abbaye d'Eename. Le mardi, au point du jour, les princes montèrent à cheval et allèrent jusqu'à Gavere où M. le baron de Capres se trouva. Il est persuadé que, si les ennemis ont à tenter un passage, ce sera celui du canal de Gand à Bruges, par la raison que les Hollandais continuent à faire de grands approvisionnements de munitions de bouche et de guerre au Sas de Gand et que, par ce moyen, les ennemis en pourraient tirer pour en mettre dans les places d'Audenarde, Courtrai, Menin et Lille ; et, sur les remontrances de mon dit sieur de Capres, que les troupes n'étaient pas bien disposées pour la garde dudit canal, Mgr le duc de Bourgogne résolut sur-le-champ d'en écrire à M. le comte de La Mothe pour qu'il songeât promptement à en faire une meilleure disposition et de marquer à chaque officier général le terrain qu'il aurait à garder.

On est persuadé que, si le milord Marlborough, au lieu d'aller au canal, voulait hasarder de passer l'Escaut, ce serait au village de Meylegem, un peu au-dessous de la Zwalm, afin de se couvrir, en remontant cette rivière dont les bords sont fort élevés, de tout ce qui viendrait s'opposer à son passage du camp de M. d'Hautefort et des autres quartiers en deçà, qui marcheraient à son secours, mais avec peine pourrait-on se servir de ceux qui viendraient de Gand, séparés de nous par les ennemis.

Mgr le duc de Bourgogne, en revenant de Gavere coucher à ladite abbaye d'Eename, visita l'embouchure de ladite rivière de Zwalm dans l'Escaut, et raisonna fort juste sur ce que je viens d'avoir l'honneur de vous dire. Le mercredi, à 7 heures du matin, nos princes allèrent au quartier de M. d'Hautefort à qui ils n'avaient demandé que du café et chocolat, mais ils y trouvèrent, en mettant pied à terre, un magnifique déjeuner. De là, on fut à Pottes dîner chez M. de La Chastre qui ne fit pas moins paraître la délicatesse de sa bonne chère que Messieurs ses confrères. Hier au soir, en arrivant ici, on trouva M. de Vendôme à l'abbaye du Saulsoy qui attendait Mgr le duc de Bourgogne avec lequel il eut une conférence de trois quarts d'heure, et en sortant un chacun remarqua sur son visage qu'il était content (1)... ..

SAINT-FREMOND.

(1) Volume 2084. Arch. hist.

M. d'Artagnan à Chamillart.

Au camp du Saulsoy, ce 22 novembre 1708.

Monseigneur,

Je revins hier d'accompagner Messeigneurs les princes à la visite qu'ils ont faite des postes de l'Escaut jusqu'à Gavere, où Mgr le duc de Bourgogne m'avait ordonné de le suivre. Nous avons trouvé que la digue qu'on voulait faire pour barrer l'Escaut et faire une inondation entre Escanaffles et Berchem avait été emportée par la rapidité de la rivière, à quoi l'on devait s'attendre par sa construction, et de tels ouvrages ne peuvent jamais réussir. Je ne crois pas que les ennemis puissent passer entre Escanaffles et Berchem ni même jusqu'auprès d'Audenarde.

Nous avons vu les travaux qui masquent Audenarde, où il y en a trois fois plus qu'il n'en faut, et, si d'abord on les eût portés où ils devaient être, cela aurait épargné beaucoup de travail, car il y a trois retranchements l'un sur l'autre qui ne sont pas bons et où il n'y a que le plus avancé qui puisse servir, mais tels qu'ils sont, ils sont plus que suffisants pour empêcher l'ennemi de passer par là, mais il y faudrait 20,000 hommes d'infanterie pour les défendre ; et, comme il n'y a que 14 bataillons faibles, si les ennemis s'y présentent en force, l'on sera obligé de les abandonner crainte de pis. Les palissades qu'on y veut mettre ne les rendront pas meilleurs avec si peu de troupes, outre que c'est un travail infini tant pour cela que pour achever le dernier retranchement qu'on y veut faire et qu'on ne faisait que de tracer, lequel travail, fait par nos soldats, va achever d'abîmer ces bataillons. Je crois qu'il faudrait cesser ces travaux au moins par nos soldats qui, étant mal payés (car il leur était dû dix jours de prêt), et étant fort à craindre que la grande fatigue et la facilité de se jeter dans une ville ennemie aussi près que celle-là ne les conduise à des désertions qui commencent déjà. Je croirais donc qu'il faut profiter de ces palissades pour les envoyer à Gand ou à Bruges où l'on peut en avoir besoin. Je tiens ces travaux d'Audenarde si inutiles que, quand les ennemis voudront se présenter une grosse tête à Audenarde, ils contiendront nos troupes qui sont derrière ces retranchements, et les ennemis (1), en descendant plus bas avec un corps, iront faire leur pont sans nul obstacle entre l'embouchure de la Zwalm qui tombe dans l'Escaut et Gavere où il n'y a nulle troupe et où il y a de beaux abords, et, dès que les 200 pre-

(1) Le texte porte « l'ennemi ».

miers hommes des ennemis auront passé, s'allant poster au pont de la Zwalm (1), ils fermeront le passage à nos troupes qui sont sur Audenarde, qui ne pourront s'y porter, à la faveur de quoi leur armée passera sans avoir un coup de pistolet à tirer. C'est là où une inondation serait bonne, qu'il faudrait faire au-dessous de Gavere, car, si elle était bien faite, cela pourrait inonder depuis là jusqu'à Audenarde, et par là mettre cette partie en sûreté. Il y a un officier qui a proposé à Mgr le duc de Bourgogne d'y en faire une bonne et à fort peu de frais. Je crois qu'il lui a donné des ordres pour y travailler. Voilà vous rendre compte de ce que j'ai remarqué dans mon voyage.

Nous sommes dans l'attente de la réussite du projet de Bruxelles ; si nous étions les maîtres de cette place avec la bonne volonté des bourgeois, et y mettre une trentaine de bataillons là ou dans les postes voisins, et une vingtaine d'escadrons dont on pût se servir l'hiver, je crois qu'on pourrait garder cette place et regagner tout le Brabant. Au moins, je crois que je me ferais fort de cela parce que je connais parfaitement le pays et que j'aurais bientôt des intelligences dans Anvers où je suis fort connu et connais même parfaitement tous ces pays-là pour y avoir commandé longtemps. Si cela convenait à Sa Majesté et à vous, vous savez bien que je n'ai point de volonté (2).

J'ai l'honneur, etc.

---

(1) Au village de Nederzwalm.

(2) Volume 2084. Arch. hist.

APPENDICE II

Lettres relatives au passage de l'Escaut.

Vendôme à Chamillart.

Au camp du Saulsoy, ce 26 novembre 1708.

Il n'est plus question, Monsieur, de mon projet (1). Le prince Eugène n'a presque laissé personne à Lille, et est campé à Roubaix avec toute son armée. Milord Marlborough vint camper hier en deçà de la Lys, sa droite à Courtray et sa gauche vers Vive-Saint-Éloy. Il y a encore quelques troupes de son armée au delà de la Lys. On dit qu'ils veulent forcer un passage sur l'Escaut ou sur le canal. De quelque sorte qu'ils le déterminent, vous pouvez assurer Sa Majesté que nous sommes prêts à les bien recevoir. Je ne vous parle point de la disposition de nos troupes, ni des ordres que Mgr le duc de Bourgogne a envoyés tant à Cheyladet qu'aux autres officiers généraux qui sont détachés, étant bien sûr que Mgr le duc de Bourgogne mande tout au Roi. Je me contenterai de vous dire que, par tout ce qui me revient, les ennemis sont dans un état violent, et je ne sais comment ils s'en tireront.

Notre canon tire depuis ce matin à Bruxelles. Notre batterie n'est qu'à 60 toises du chemin couvert.

Je suis, Dieu merci, quitte de la goutte, et quoique j'aie eu depuis hier quelques atteintes de néphrétique, je ne laisserai pas d'aller demain m'établir à Audenarde où je serai à portée également d'aller sur le canal ou de venir au secours de Mgr le duc de Bourgogne si les ennemis voulaient tenter de faire des ponts à Pottes.

---

(1) Il s'agit du projet de Vendôme d'attaquer le prince Eugène dans ses lignes. Voir page 16.

Le comte de Lille, qui est à Douai, me mande que les ennemis ont abandonné la Bassée. Je vous prie de lire cette lettre au Roi.

Je suis, Monsieur, etc. (1).

Louis DE VENDÔME.

Le duc de Bourgogne au Roi.

Au camp du Saulsoy, le 26 novembre 1708.

Depuis la lettre que j'ai eu l'honneur d'écrire hier à Votre Majesté, les ennemis ont fait un mouvement. Leur armée a passé la Lys et mis sa droite à Courtray et sa gauche vers Saint-Éloy-Vive. Le prince Eugène a marché aussi avec une partie de la sienne et a couché cette nuit à Roubaix. Ainsi il n'y a pas à douter que l'on ne les voie bientôt sur l'Escaut. Tous les bruits disent qu'ils veulent jeter leurs ponts entre Gavere et Audenarde vers l'embouchure de la petite rivière de Zwalm qui peut leur être avantageuse si elle déborde, car l'eau en est présentement fort haute. Comme l'affaire de Bruxelles nous oblige à garder l'Escaut, j'ai fait marcher ce matin à Berchem les brigades de Bourbonnais et de Lee, faisant neuf bataillons, et celle de Champagne à Pottes. Je n'ai plus ici que la brigade des Gardes, celle de Picardie qui est à Hérinnes, et la cavalerie que j'ébranlerai aussi dès que je saurai les ennemis déterminés à marcher sur l'Escaut.

Le comte de La Mothe, qui est à Gand, doit s'avancer sur la hauteur de Gavere et même jusqu'à la Zwalm avec les troupes les plus à portée, et l'on se prépare à disputer aux ennemis le passage de l'Escaut en cas qu'ils s'y présentent. J'ai déjà eu l'honneur de dire à Votre Majesté que c'était l'affaire de Bruxelles qui nous obligeait à tenir cette conduite, car nos subsistances nous empêchant de demeurer longtemps dans la même situation, il vaudrait autant quitter l'Escaut quatre jours plus tôt que quatre jours plus tard, en épargnant aux troupes une fatigue qui pourra être considérable pendant quelques jours. Il y a des avis, non encore absolument confirmés, que les ennemis ont abandonné la Bassée. Ce serait, si cela était vrai, un temps favorable de jeter quelque secours dans la citadelle de Lille, et j'en fais écrire à Cheyladet afin qu'il voie ce qu'il pourra faire là-dessus, tandis que l'armée ennemie sera occupée autre part. Les nouvelles que j'ai reçues de Bruxelles ce matin sont que le canon n'avait pu tirer hier et qu'une batterie de douze pièces était dressée à cent pas du chemin couvert. Quand cette entreprise fut proposée, je n'avais pas compté

(1) Volume 2084. Arch. hist.

qu'elle fût suivie si elle se tournait en siège dans les formes. Je ne répéterai pas à Votre Majesté ce que je lui en ai écrit il y a quelques jours : j'informe le comte de Bergeyck de ce qui se passe ici, afin que l'Électeur se règle sur ce qu'il croira pouvoir faire, car il se peut très bien que, malgré nos oppositions, les ennemis forcent un passage sur l'Escaut et en ce cas il serait en danger, s'il continuait son siège. Je suis toujours embarrassé cependant lorsque je pense que les ennemis séparent leurs forces, s'ils passent l'Escaut une fois, et que nous pouvons rassembler derrière eux celles de Votre Majesté, et il n'y a que la crainte de perdre Bruxelles qui puisse les obliger à prendre ce parti. Nous devons être éclaircis de leur dessein entre ci et très peu de jours, et je continuerai d'informer exactement Votre Majesté de tout ce qui se passera.

J'espère que vous aurez lieu d'être content de nous dans ce dénouement. Pour moi, en mon particulier, je ferai toujours ce que je croirai du service de Votre Majesté et selon ses intentions, ainsi que mon devoir et mon tendre et respectueux attachement à sa personne m'y obligent (1).

LOUIS.

M. de Saint-Fremond à Chamillart.

Au camp de Saulsoy, le 26 novembre 1708, à 5 heures après midi.

Monseigneur,

On a eu confirmation de toutes parts qu'hier le milord Marlborough, après avoir rassemblé ses troupes, était venu camper en deçà de la Lys, son quartier général à Harlebeke et le prince Eugène avec sa cavalerie à Roubaix, que les gros bagages devaient demeurer à Courtray et Menin, qu'il était resté 24 bataillons à Lille et 4 à la Bassée qui continuaient à s'y fortifier. Sur ces entrefaites, à minuit, Mgr le duc de Bourgogne, qui était couché, m'envoya chercher. Il eut la bonté de me dire qu'il avait résolu de faire marcher aujourd'hui au point du jour 12 bataillons à Berchem, 3 de Champagne (2), 5 irlandais, 2 de Mortemart et 2 de Bourbonnais, sous la conduite de M. de Nangis, afin d'être à portée de s'avancer sur la hauteur d'Audenarde si M. d'Hautefort marquait en avoir besoin. Des courriers sont partis en même temps, les uns pour faire venir de Gand M. le comte d'Estrades avec de l'infanterie

(1) Volume 2084. Arch. hist.

(2) Les trois bataillons de Champagne furent ensuite destinés à renforcer le camp de Pottes.

pour se placer sur les hauteurs de Gavere, en remontant jusqu'à l'embouchure de la Zwalm dans l'Escaut, et de faire remuer de la terre devant lui aux endroits où il croirait que l'ennemi pourrait plutôt tenter un passage, l'autre à M. de Cheyladet, dans l'Artois, pour en envoyer incessamment 12 escadrons rejoindre l'armée. Mgr le duc de Bourgogne m'envoya porter ce projet à M. le duc de Vendôme, qui l'a approuvé, et que, sans une colique qui le tourmentait, il serait parti sur-le-champ pour s'en aller audit Gavere donner ordre de ce qu'il y aurait à faire. Une heure après, je retournai chez Mgr le duc de Bourgogne lui rendre compte de ma mission.

J'ai été ce matin chez M. de Vendôme qui n'était pas encore tout à fait quitte des ressentiments de sa colique néphrétique. Quelques remèdes qu'il a pris dans la journée lui ont fait du bien, ce qui lui donne lieu d'espérer de s'en aller demain, 27e de ce mois, coucher à Berchem, et le 28e à Gavere.

On apprend aujourd'hui qu'il est seulement vrai que le milord Marlborough a son quartier à Harlebeke; qu'il n'était passé que 5,000 hommes pour le couvrir; que le reste de l'armée était encore derrière la Lys et M. le prince Eugène, avec sa cavalerie, comme j'ai dit, à Roubaix; que le bruit courait parmi eux qu'ils voulaient marcher au secours de Bruxelles. Si ces Messieurs sont dans cette résolution-là et qu'ils s'approchent de l'Escaut, Mgr le duc de Bourgogne est résolu, avec ce qui lui reste ici de troupes, de marcher audit Berchem pour être plus en état de se porter lui-même aux endroits qu'il croira sa présence plus nécessaire, afin de s'opposer de vive force au passage de l'Escaut et même vers le canal de Gand à Bruges, si on s'aperçoit que les alliés eussent quelque dessein formé de ce côté-là.

Il paraît, Monseigneur, par une lettre de M. le comte de Bergeyck arrivée de ce matin, que l'Électeur fait un siège dans les formes devant Bruxelles, ce qui pourra être d'une assez longue durée. Ce n'est pas là ce qu'avait fait espérer la bourgeoisie à l'approche de nos troupes et du canon.

Nos princes soutiennent l'arrière-saison avec une si grande gaieté que cela est capable, en les voyant, de chasser le heimevé à ceux qui en seraient attaqués (1).

J'ai l'honneur d'être, etc.....

De Saint-Fremond.

---

(1) Vol. 2084. Arch. hist.

M. d'Affry au duc du Maine.

Au Saulsoy, le 26 novembre 1708.

Monseigneur,

Les avis que nous avons nous confirment tous que les ennemis sont en pleine marche et que les troupes de M. le prince Eugène, aux bataillons près qui sont nécessaires à continuer le siège de la citadelle de Lille, ont joint le Milord. La tête de leurs troupes était, à ce qu'on prétend, la nuit dernière, à Vive-Saint-Éloy. Votre Altesse Sérénissime juge sans doute que l'entreprise de Bruxelles les a obligés à ce mouvement. De Vive-Saint-Éloy ils peuvent également se porter à Mariequerque (1), entre Gavere et Audenarde, ou à Audenarde même, mais, par le temps qu'il fait, les chemins étant aussi rompus qu'ils le sont, il est impossible qu'ils nous donnent le change si on y a attention et qu'on use sur cela des précautions nécessaires.....

L'homme dont je me sers ordinairement revint hier à 8 heures du soir. Dans le compte qu'il rendit à Mgr le duc de Bourgogne, il lui dit les avoir vus en pleine marche, à 11 heures, à Harlebeke, que tous les gros équipages des officiers ont ordre de rester à Menin et Courtrai, que les chariots dont ils ont tiré des grains du pays d'Artois et de la châtellenie de Cassel leur servaient à transporter les fourrages nécessaires à leur armée..... Je juge l'entreprise du passage des ennemis entre Gavere et Audenarde.....

M. de Vendôme a eu la colique cette nuit, mais nous espérons que cela ne l'empêchera pas d'agir (2).....

M. Dauger (3) *au duc du Maine.*

A Tournay, le 26 novembre 1708.

On a fait marcher cette nuit la brigade de Bourbonnais et celle des Irlandais du côté d'Audenarde. Toute l'armée a ordre de se tenir en état de marcher au premier commandement. Cela est arrivé sur les avis qu'on a eus des mouvements des ennemis. On les croit en deçà de la Lys, campés entre Harlebeke et Courtrai, ayant une tête à Deinze.

M. de Vendôme a été très mal cette nuit d'une colique. Les temps sont des plus mauvais et les chemins très gâtés (4).

---

(1) Laethem-Sainte-Marie.
(2) Volume 2108. Arch. hist.
(3) Major de la gendarmerie.
(4) Volume 2108. Arch. hist.

M. d'Affry au duc du Maine.

Monseigneur,

On entend tirer dans ce moment du côté d'Audenarde. Nous y allons marcher. Nous avons avis dans l'instant, par M. de La Chastre, que les ennemis paraissent avoir pris la route de Gavere hier à 4 heures du soir. Je suis, etc.

Le 27 novembre, à 8 heures du matin.

J'étais absent hier au soir au départ du courrier ; les ennemis ont quitté la Bassée. Nous en eûmes nouvelles à minuit.

M. de Vendôme a pris le devant. J'ai ordre dans ce moment de le joindre (1).

M. de Souternon à Chamillart.

A Tournay, le 27 novembre, au soir.

Monseigneur,

Je crois vous devoir rendre compte de ce qui s'est passé aujourd'hui près de Berchem, où j'avais l'honneur de commander.

Les ennemis arrivèrent à minuit sur l'Escaut. Ils firent grand bruit de tous côtés, comme gens qui font des batteries et qui veulent jeter des ponts. Je fus averti qu'ils se présentaient vis-à-vis de Waermaerde, à une demi-lieue au-dessus de Berchem. Il y avait un poste d'infanterie sur le bord de l'Escaut. Je m'y portai avec plusieurs officiers. Nous reconnûmes que ce n'étaient que des chariots et de l'artillerie qui coulaient le long du chemin ; après quoi, je m'en allai dans plusieurs autres endroits sur cette rivière où les ennemis paraissaient et où je vis qu'ils ne jetaient point de ponts. Je repassai dans Berchem pour, de là, descendre vers l'abbaye de Petegem, où de tout temps on a fait des ponts, et où j'avais avis que les ennemis voulaient passer. Comme je m'y en allais, M. de Montmirel, major du régiment Dauphin, qui avait été averti par un sergent d'un de nos postes que l'on entendait du bruit derrière une grande inondation qu'il y a dans la prairie, entre Kerkhove et le château d'Elsegem, y était allé et me vint dire que le pont était fait et que les ennemis passaient. Je fis marcher dans le moment toutes les troupes pour les aller attaquer. Elles consistaient en dix escadrons et trois bataillons qui n'en faisaient que deux. Comme je ne pouvais traverser l'inondation, je fus obligé d'en prendre la tête pour me porter sur les ennemis, qui avaient déjà douze ou treize escadrons de formés

(1) Volume 2108. Arch. hist.

dans l'eau sur le bord de l'inondation, et dix ou onze bataillons, autant que la nuit pût permettre de le voir, car c'était avant le jour. Je marchai donc à eux, mais il me fallait couler, pour les aborder, entre l'Escaut et l'inondation et essuyer, avant que de pouvoir charger, le feu de toute la colonne des ennemis qui bordaient l'Escaut de l'autre côté et cela pendant plus de quatre cents pas. Ajoutez à cela le feu de trente pièces de canon. Toutes ces difficultés ne m'empêchèrent pas de m'ébranler, mais tous MM. les officiers commandants m'ayant fait connaître que toutes les troupes seraient écrasées avant que d'aborder les ennemis et qu'étant défaites je courais risque de faire battre M. d'Hautefort, je pris le parti de faire retirer les deux bataillons que j'avais aux maisons et haies de Berchem et de mettre la cavalerie en bataille sur une hauteur au-dessus des prairies, appuyée à l'infanterie. Je demeurai dans cette situation plus d'une heure pendant lequel temps nous essuyâmes beaucoup de canon, et nos bagages filèrent du côté de M. de La Chastre. J'avais envoyé chercher M. le marquis de Nangis, qui était arrivé la veille avec neuf bataillons que j'avais placés à Melden, vis-à-vis de Petegem et à une lieue de Berchem, comme étant un des endroits le plus dangereux et le plus à portée de joindre M. d'Hautefort, s'il avait été attaqué, comme j'en avais l'ordre. Mais M. de Nangis, quoiqu'il fît toute la diligence possible, ne put pas arriver avant que les ennemis, qui s'allongeaient par leur gauche, se fussent mis entre lui et moi, et, comme nous étions séparés d'une très grande plaine où il aurait couru grand risque, je lui mandai de se replier sur M. d'Hautefort, dont il était à portée, et des bois pour le joindre en sûreté. Je fis aussi avertir M. d'Hautefort et j'envoyai même en diligence avertir l'Électeur devant Bruxelles que les ennemis certainement passaient l'Escaut. Après quoi, voyant qu'ils se mettaient en état de me charger avec beaucoup de troupes, je pris le parti de me retirer sur M. de La Chastre que j'avais averti pour qu'il me protégeât au passage de la Rosne ; notre retraite se fit toujours en ordre, quoique les ennemis nous suivissent d'assez près avec cavalerie et infanterie, et je passai la Rosne sans avoir perdu que quinze ou vingt hommes et trois officiers, presque tous tués du canon, et quelques équipages qui ont été pris, mais en petit nombre.

Voilà au juste, Monseigneur, ce qui s'est passé. Les bataillons que j'avais avaient 100 hommes chacun détachés à Ninove, depuis dix jours, et les escadrons 250 chevaux. Jugez, Monseigneur, si, ayant deux lieues de terrain à garder, j'ai pu, avec pareil nombre de troupes, empêcher les ennemis avec leurs plus grandes forces de passer l'Escaut, soutenus du feu de leur artillerie et moi n'en ayant point. Il n'est pas un officier, de tous ceux qui ont été avec moi, qui ne vous dise, Monseigneur, que les choses se sont passées, mot à mot, comme j'ai l'honneur de vous le mander. Je n'ai point ignoré tous les mouvements des ennemis, et je suis persuadé que M. le duc de Vendôme pourra vous informer que je les lui ai mandés au juste. Je n'ai pas aussi à me reprocher d'avoir manqué en rien à tout ce qui a pu dépendre de ma vigilance, ce qui me fait espérer, Monseigneur, que vous serez persuadé que, si les ennemis ont passé l'Escaut, il n'y a pas de ma faute, et d'autant mieux qu'ils ont une colonne entière qui a passé à Gavere. J'ai l'honneur d'être, etc. (1).

SOUTERNON.

M. le comte de La Mothe-Houdancourt à Chamillart.

A Gand, ce 27 novembre 1708.

Monseigneur,

J'avais toujours cru que le poste de Gavere, sur l'Escaut, devait être bien gardé, étant un des endroits où l'on pouvait plus aisément faire des ponts, mais j'y allai hier par l'ordre de Mgr le duc de Vendôme le visiter et voir si l'on ne pouvait pas y faire quelque retranchement. Il n'y avait qu'un poste de soixante hommes, dans le château, du camp de M. d'Hautefort, qui n'en est éloigné que de deux lieues. M. le duc de Vendôme m'ordonna hier au soir d'y envoyer M. le comte d'Estrades avec son camp, ce que j'exécutai dans le moment, l'ayant fait marcher toute la nuit avec huit bataillons et six escadrons, mais, quelque diligence qu'il ait pu faire, il est arrivé trop tard et a trouvé les ennemis passés. Si j'avais pu comprendre que l'on eût voulu y envoyer de mes troupes, moi qui n'avais jamais été chargé de veiller de ce côté-là, ni pu comprendre que cela pût être, M. d'Hautefort en ayant toujours été chargé et le détachement du château étant de son camp, j'aurais pris des mesures pour ne pas laisser ce poste dégarni de troupes, et même j'y aurais fait faire quelques retranchements pour les y placer et défendre le passage de la rivière. C'est une chose bien triste que les ennemis fassent toujours tout ce qu'ils veulent sans qu'on les en empêche, à moins que l'on ait voulu leur laisser un passage libre pour pouvoir se retirer, car autrement cela ne peut se comprendre, rien n'étant si aisé que de nous étendre sur notre droite, descendant l'Escaut jusques à l'inondation de Gand (2).....

---

(1) Volume 2084. Arch. hist.
(2) Volume 2084. Arch. hist.

M. de Bernières à Chamillart.

A Tournay, le 27 novembre 1708.

La même étoile qui nous a poursuivis toute la campagne continue jusques à la fin. Les ennemis ont passé l'Escaut à la pointe du jour auprès de Berchem et ont traversé les prairies, quoique blanches d'eau, qui est tout ce que les inondations ont pu produire. Ils n'ont pas eu de peine dans leur passage, car il y avait très peu de troupes, ainsi que vous le savez. De quoi nous sommes fort inquiets à présent, c'est du camp de M. d'Hautefort, qui était composé, à ce que je crois, de vingt-cinq bataillons et d'une trentaine d'escadrons, parce que les brigades de Bourbonnais et des Irlandais s'y sont portées ce matin; ce corps de troupes se trouvant séparé par l'armée des ennemis, nous ne savons s'il aura été attaqué ou s'il aura pu se reployer sur Gand sans échec. Il n'y a que l'armée du duc de Marlborough qui ait passé. Je ne sais même si elle aura passé en entier, mais le prince Eugène a aussitôt repris la route de Lille.

Une autre aventure fâcheuse, c'est la surprise de Saint-Ghislain qui est arrivée ce matin, dont j'ai eu avis cet après-midi et que les ennemis nous y ont pris ou brûlé grand nombre de bateaux chargés de fourrages et d'avoines qui venaient de Mons ici pour la subsistance de l'armée. Je crois même qu'il y avait des farines. Je ne sais pas encore le détail de ce qui était dans cette petite ville, mais on m'a dit qu'il n'y avait pas moins de 50 bateaux chargés, ce qui va achever de nous désoler cette frontière pour les subsistances, le sieur Fargès (1) étant à bout de nourrir l'armée sans recevoir un sol, et me voyant à la veille d'être destitué de tout secours, jusques à celui des journaliers et des bateliers, dont les frais sont immenses, et qui me menacent tous les jours de ne vouloir plus travailler, l'entrepreneur me les renvoyant pour le payement.

M. d'Albergotti marche demain pour reprendre Saint-Ghislain avant que les ennemis puissent renforcer les troupes qu'ils y ont, qui ne sont qu'un détachement de la garnison d'Ath qui a profité de l'occasion qu'il n'y avait personne dans Saint-Ghislain, dont presque toute la garnison était occupée à un convoi pour Bruxelles. Ce qui est à craindre, c'est que le duc de Marlborough, qui est présentement à portée, n'y jette des troupes.

Je crois que le reste de l'armée qui est ici, consistant en 31 bataillons avec une centaine d'escadrons, va se porter en Artois pour soutenir la Bassée, et faire la ligne depuis le canal de la Deûle jusqu'à Estaires.

---

(1) Entrepreneur des vivres à l'armée de Flandre.

Tout ce pays-là est bien dégarni de vivres, et je ne sais pas où nous trouverons des blés et farines. Je vais voir à m'arranger, autant que je pourrai, avec M. Raffy (1), mais ce ne sera pas sans peine (2).

Les Seigneurs Députés (à l'armée), à leurs Hautes Puissances les États généraux.

D'Audenarde le 27 novembre 1708 (3).

Hauts et Puissants Seigneurs.

Après que nous eûmes reçu des avis certains que l'Électeur de Bavière s'était mis en marche vers Bruxelles à la tête de quelques troupes ennemies pour assiéger cette place, il fut résolu de forcer le passage de l'Escaut et de marcher de ce côté-là. Pour cet effet, 100 escadrons et 50 bataillons sous le duc de Marlborough, et 50 escadrons et 19 bataillons sous le prince Eugène, se mirent en marche avant-hier, 25 de ce mois, pour tenter le passage de cette rivière en trois ou quatre différents endroits, ce qui a si bien réussi, par la bénédiction de Dieu, que le duc de Marlborough a passé à Kerkhove ce matin, environ les sept ou huit heures, sans tirer un seul coup ni perdu aucun homme, de même que le corps sous le comte de Lottum, qui l'a fait de la même manière à Asper, les ennemis ayant retiré toutes leurs troupes le long de l'Escaut, depuis Gand jusqu'à Tournai, et abandonné leurs postes.

Toutes les troupes se sont jointes ici, excepté quelques-unes qui ont été renvoyées vers la citadelle de Lille. Demain, à la pointe du jour, nous continuerons notre marche vers Bruxelles et nous espérons que nous pourrons vous mander la délivrance de cette place moyennant la bénédiction de Dieu.

Ferdinand van Collen, S. van Goslinga,
comte de Rechteren.

Vendôme au Roi.

A Tournay, le 28 novembre 1708.

Sire,

Les ennemis passèrent hier l'Escaut près de Kerkhove. Votre Majesté verra par la lettre de M. de Souternon, que j'ai l'honneur de lui

(1) Principal entrepreneur des vivres à l'armée de Flandre.
(2) Volume 2085. Arch. hist.
(3) *Mercure historique* de 1708.

envoyer (1), qu'il était averti de leur marche. On lui avait envoyé deux jours auparavant M. de Nangis avec 9 bataillons pour le fortifier, mais, pour les tenir plus près d'Audenarde, il les avait envoyés à Petegem, et lorsque M. de Nangis a voulu venir à son secours, il a trouvé les ennemis entre lui et M. de Souternon. Je suis bien aise de faire ce détail à Votre Majesté pour lui faire voir qu'il n'y a point de ma faute. J'aurais bien encore fait marcher la brigade des Gardes et celle de Picardie, qui composent 13 bons bataillons, qui étaient très inutiles au camp du Saulsoy, mais la personne des princes assujettit à de certaines choses qui ne laissent pas quelquefois de porter de grands préjudices comme Votre Majesté le voit dans cette occasion. Du reste vous savez bien, Sire, que je n'ai point été d'avis de garder l'Escaut et que je voulais rassembler toutes nos forces et marcher de l'autre côté de la Lys. Nous eussions ôté aux ennemis non seulement les fourrages qu'ils ont tirés de Rousselaere où ils ont été six semaines, mais aussi tous ceux qu'ils ont fait porter dans Menin. Ils n'auraient rien eu du Furnembach, et le prince Eugène n'aurait rien tiré par la Lys comme il a fait. Je suis bien aise de faire souvenir Votre Majesté de tout ceci pour lui faire voir que mes avis n'ont pas été suivis. M. Chamillart en est témoin.

L'Électeur, de son côté, indépendamment du passage de l'Escaut, avait pris le parti de lever le siège de Bruxelles, et comme une mauvaise nouvelle n'arrive jamais seule, en arrivant hier à Tournai à l'entrée de la nuit, nous avons appris que la garnison d'Ath avait surpris Saint-Ghislain. M. d'Albergotti y a marché avec tous les grenadiers, de la cavalerie et 6 pièces de canon pour le reprendre, car il nous faut tirer cette épine-là du pied. Lorsque cela sera fait, Mgr le duc de Bourgogne a résolu de se porter avec toutes ses forces à la Bassée; en attendant, il a envoyé M. de Villiers, maréchal de camp, avec la brigade de Champagne et 12 escadrons, pour fortifier le comte de Sézanne qui y est avec la brigade d'Alsace. Ce poste est de la dernière conséquence. Il faudra le perfectionner au plus tôt et tirer de là à la Lys une ligne pour couvrir l'Artois. Nous verrons, lorsque nous serons là, s'il n'y aura pas moyen de faire entrer de la poudre et du secours dans la citadelle de Lille. Voilà ce me semble la seule bonne chose que nous puissions faire à présent : lorsque les ennemis ne tireront plus rien de l'Artois, du Furnembach et des pays au delà de la Lys, je crois qu'il leur sera bien difficile qu'ils puissent hiverner en ce pays, et la ligne que je propose non seulement couvrira l'Artois, mais aussi nous met en état d'approcher de Lille. Ainsi le poste de la Bassée devient

(1) Cette lettre n'existe plus aux Archives historiques.

très important, et il sera aisé à soutenir par le moyen de toutes les places qui en sont à portée (1).

Je suis, etc...

Vendôme à Chamillart.

A Tournay, ce 28e novembre 1708.

Je suis si fâché et en même temps si incommodé, Monsieur, que je ne vous écrirai qu'un mot. La journée d'hier fut rude pour la première sortie d'un homme qui a gardé le lit trois semaines. Aussi suis-je comme si on m'avait roué depuis le haut des cuisses jusques à la plante des pieds. J'ai oublié de marquer au Roi dans ma lettre que le comte d'Hautefort s'est retiré à Mons sans être entamé et sans rien perdre, quoique les ennemis l'aient suivi longtemps et même attaqué quelquefois (2).

Je suis, etc...

Le duc de Bourgogne au Roi.

A Tournay, le 28 novembre 1708.

Les ennemis ayant passé la Lys le 25, ainsi que j'ai eu l'honneur de le mander avant-hier à Votre Majesté, remarchèrent avant-hier, à quatre heures après midi, pour approcher de l'Escaut par plusieurs endroits. A une heure après minuit, hier matin, une colonne arriva à Gavere, et le commandant du château manda au marquis d'Hautefort que les ennemis allaient jeter leurs ponts, les troupes de Votre Majesté n'y étant point encore. Une heure avant le jour, une autre colonne arriva sur Berchem et Escanaffles, et, tout d'un coup, descendant un quart de lieue plus bas, les jeta près de Kerkhove et commença à passer. Souternon, qui s'était porté d'abord au premier passage, marcha aussitôt à eux qu'il fut averti de ce changement et fut salué de trente pièces de canon qu'ils avaient mises en batterie de l'autre côté de l'Escaut. Il en trouva une grande quantité déjà passée, et que le reste suivait à force ; il avait placé à Melden les 9 bataillons que je lui avais envoyés avant-hier pour être plus à portée de marcher au marquis d'Hautefort. Dès qu'il se fut aperçu du passage des ennemis,

---

(1) Volume 2084. Arch. hist.
(2) Volume 2084. Arch. hist.

il envoya avertir Nangis, qui les commandait et qui se mit aussitôt en marche, mais quand il arriva il y avait déjà beaucoup trop des ennemis de passés, et Souternon n'avait que 3 bataillons et 10 escadrons. Les ennemis s'étendaient de plus en plus et grossissaient toujours, ce qui fit qu'il prit le parti de se replier sur le camp d'Escanaffles et en fit avertir Nangis et Hautefort. Ce camp d'Escanaffles n'avait pas marché à lui parce que le prince Eugène s'était présenté à Autryve pour y faire des ponts et que ce passage est très facile.

Après que nous eûmes entendu tirer du canon, je commençai à faire battre la générale et sonner boute-selle. Le duc de Vendôme prit le devant dans sa chaise pour aller à Berchem, et je lui dis que je m'avancerai avec le reste de l'armée le plus loin qu'il me serait possible, mais à peine sortais-je de mon quartier que j'appris, par un billet de La Chastre, que les ennemis étaient passés à Berchem et voulaient passer à Autryve. Je reçus, peu de temps après, un aide de camp du duc de Vendôme qui me manda qu'il faisait avancer toutes les troupes de la droite pour charger les ennemis. Là-dessus, je lui envoyai le comte d'Évreux afin qu'il n'engageât pas légèrement une mauvaise affaire, car il fallait passer la Rosne pour marcher à eux, et toutes les hauteurs étaient de leur côté. Je me diligentai moi-même pour le joindre au plus tôt, mais, quand j'arrivai à Pottes, je trouvai qu'il n'en était plus question, que les ennemis s'étendaient sur le mont de l'Enclus et que le duc de Vendôme faisait remarcher les troupes sur Tournai, sous lequel elles sont venues camper hier au soir. J'ai su ce matin, par un billet du marquis d'Hautefort, écrit de Grammont, que non seulement les ennemis avaient passé à Berchem, mais aussi à Gavere, et que, dès qu'il releva ses postes pour se retirer, les ennemis étaient encore sortis par Audenarde pour le suivre, ce qu'ils ont fait deux lieues durant, mais il n'y a perdu que le lieutenant-colonel du régiment de Chartres, tué ou pris, et quelques officiers subalternes. Il y a tout lieu de croire qu'il a retiré son canon et ses bagages et que le marquis de Nangis a marché aussi avec lui, puisqu'il ne m'en dit rien de particulier. Il devait continuer pendant la nuit sa marche sur Enghien et de là sur Mons. Le comte de La Mothe m'a écrit que, quand le comte d'Estrades arriva sur la hauteur de Gavere, hier matin, les ennemis étaient déjà passés en trop grande quantité pour les pouvoir attaquer et qu'il se retira sur Gand. J'oubliais d'avoir l'honneur de dire à Votre Majesté que les troupes du prince Eugène furent toujours en présence des camps de Pottes et Escanaffles et qu'elles reprirent la route de Lille dès que nous eûmes pris celle de Tournai.

Il est bien désagréable que nous n'ayons pu réussir dans ce que nous nous étions proposé, mais Votre Majesté sait que je n'ai jamais compté que l'on pût garder l'Escaut dans toute son étendue. Dès que l'on vit les ennemis passés, on envoya plusieurs courriers à l'Électeur. J'ai su, depuis, qu'indépendamment de nous, il allait quitter son entreprise, ayant compté sur des mouvements de la part des bourgeois qu'ils n'ont point faits. Il s'était rendu maître de deux angles du chemin couvert, la nuit du 26 au 27, mais ses troupes en furent rechassées peu après, et il prit son parti de se retirer. Il le devait exécuter la nuit dernière, menant ses troupes à Mons et renvoyant son canon à Namur. En arrivant ici, j'appris encore une autre nouvelle fâcheuse : le gouverneur d'Ath, prenant son temps qu'il n'y avait quasi personne dans Saint-Ghislain, le surprit hier matin et y a mis 300 hommes. J'ai fait partir ce matin Albergotti avec 25 compagnies de grenadiers, 2 régiments de dragons, 1000 chevaux et 8 pièces de canon, pour en chasser au plus tôt les ennemis, et j'écris au marquis d'Hautefort, qui doit être ce soir à Mons, de se concerter avec lui pour lui envoyer du monde s'il en a besoin davantage. Les ennemis ayant abandonné la Bassée, comme Votre Majesté le saura déjà, le comte de Sézanne l'a occupé avant-hier matin; j'écris à Cheyladet de s'y maintenir le plus qu'il pourra, comptant de m'y porter incessamment avec l'armée, et j'y pourrai rassembler 70 bataillons et 200 escadrons au moins. Le duc de Vendôme pense que ce temps serait favorable pour secourir la citadelle de Lille, et cela serait quasi sûr si le prince Eugène n'y avait remarché ainsi que j'ai déjà eu l'honneur de vous le dire ; peut-être même que le duc de Marlborough, qui ne sera plus inquiet pour ses derrières, y pourra envoyer encore des troupes de son armée. C'est ce dont nous serons bientôt instruits. Si cela ne peut pas s'exécuter, on pourra du moins s'emparer d'Estaires, sur la Lys, et tirer une ligne depuis ce canal jusqu'à la haute Deûle et à la Bassée même, où il n'y a guère qu'une lieue ou une lieue et demie de terrain. Cela resserrera les ennemis de plus près et, en même temps, couvrira l'Artois et la Picardie. Je ne sais encore rien de précis de la marche des ennemis après leur passage de l'Escaut. Le marquis d'Hautefort mande que ce qui avait passé à Gavere campait à Sottegem et qu'il ne savait où allait le reste. Dès que nous serons ainsi du côté de l'Artois, il n'y aura nul projet à envoyer à Votre Majesté sur la séparation de ses troupes, et celles du comte de La Mothe étant à portée de fournir la garnison d'Ypres et le côté de la mer, l'armée fournira les autres. Je ne puis encore assez répéter à Votre Majesté combien il m'est douloureux d'avoir encore aussi mal réussi dans cette dernière affaire qui, cependant, ne me surprend point, et sur laquelle vous savez ce que j'ai eu l'honneur de vous écrire plusieurs fois. J'oubliais de dire à Votre Majesté que j'ai envoyé aujourd'hui le vicomte de Villiers, avec 10 escadrons et 3 bataillons, à Douai, pour mettre Cheyladet plus en état de soutenir la Bassée. Je me flatte que Votre Majesté me fait la justice de croire que rien n'est égal à la tendresse et au respect de mon attachement à votre personne (1).

LOUIS.

M. de Saint-Fremond à Chamillart.

Au camp de Tournay, le 28 novembre 1708, à 7 heures du matin.

Monseigneur,

Vous aurez vu, par la lettre que j'ai eu l'honneur de vous écrire le 26e de ce mois, que Mgr le duc de Bourgogne, ayant été informé que les ennemis étaient sur la Lys, (il) avait pris ses précautions pour envoyer M. de Nangis avec 9 bataillons renforcer les postes le long de l'Escaut, en deçà d'Audenarde, et qu'hier, s'étant mis en marche sans bagages avec ce qui lui restait de troupes, la Maison du roi, les Gardes françaises et suisses, M. de Vendôme, qui était parti dès le matin, lui envoya dire, à la hauteur de Pottes où nous étions arrivés, que, la nuit du 26e au 27e, entre Berchem et Melden, les ennemis avaient fait quatre ponts de bateaux sur l'Escaut en moins de trois heures et qu'au point du jour il avait paru en deçà 25 ou 30 escadrons, de l'infanterie et du canon. 3 bataillons des nôtres, qui en étaient à portée, ont fait ce qu'ils ont pu. M. de Souternon y arriva avec sa cavalerie, mais, ayant été obligé de céder à la force, s'était retiré en deçà de la Rosne, que, même, il y a eu quelques équipages de pillés dans son quartier de Berchem, et que M. de Nangis, qui avait été séparé des troupes de M. de Souternon, a été obligé de se retirer du côté de M. d'Hautefort, qui doit avoir avec lui 29 bataillons et 25 escadrons. On n'en a point encore de nouvelles; on a seulement entendu de son côté, sur les deux heures après-midi, un assez grand feu de mousqueterie qui a duré environ trois quarts d'heure. On espère qu'il se sera reployé du côté de Gavere pour se joindre aux troupes de M. le comte de La Mothe.

Dans le temps que Mgr le duc de Bourgogne mettait ce qu'il avait de troupes avec lui en bataille en deçà de la petite rivière de Laye, M. de Vendôme lui envoya dire qu'il allait attaquer les ennemis, mais, comme ils étaient en bataille derrière la Rosne, M. de Vendôme changea de résolution et voulait prendre celle de faire des ponts à Pottes, sur l'Escaut, pour aller attaquer de l'autre côté l'arrière-garde des ennemis ; mais on remarqua que l'armée du prince Eugène, qui n'avait point joint le milord Marlborough, était en observation à une

(1) Volume 2084. Arch. hist.

portée de canon du bord de l'Escaut, en delà, vis-à-vis Pottes, et qu'il n'aurait pas été possible de passer sans y trouver des difficultés presque insurmontables, en sorte qu'on prit la résolution de revenir auprès de Tournai camper sur quatre lignes, et aujourd'hui on passera l'Escaut, et demain, 29e, on marchera en Artois sur le canal qui va de la Bassée à la Lys. M. de Villiers, maréchal de camp, a eu ordre ce matin de prendre les devants avec les 12 escadrons qui en étaient revenus, auxquels on a joint une brigade d'infanterie qui doit aller fortifier le poste de la Bassée, où M. le comte de Sézanne est entré.

Mgr le duc de Bourgogne, sur les nouvelles qu'il reçut hier au soir que 300 ou 400 hommes de la garnison d'Ath avaient surpris Saint-Ghislain, (il) a détaché M. d'Albergotti avec tous les grenadiers qui nous restent ici de 31 bataillons, 1000 chevaux et 8 pièces de canon, pour aller chasser les ennemis dudit Saint-Ghislain.

On eut avis, hier au soir, qu'indépendamment du passage des ennemis sur l'Escaut, dont l'Électeur ne savait encore rien, il avait résolu de se retirer de devant Bruxelles.

M. le prince Eugène, avec son armée, remarcha, dès hier au soir, du côté de Lille. Il est question, présentement, de savoir si toute celle de milord Marlborough passera l'Escaut ou si son dessein a été seulement de s'ouvrir le passage d'Audenarde, secourir Bruxelles, et en tirer des convois pour jeter à Menin et dans Lille. C'est une chose dont on sera éclairci le plus tôt que faire se pourra.

Il est bien difficile de garder également une rivière, laquelle, par ses détours, a, d'ici à Gand, plus de vingt-cinq lieues, et d'empêcher que l'ennemi en force, donnant des jalousies de tous côtés, ne la pénètre, comme ils ont fait tout à la fois par trois endroits entre Berchem et Melden, à Audenarde et à Gavere. Mgr le duc de Bourgogne, qui en a bien connu les conséquences, a toujours appréhendé ce qui en est arrivé. Ce prince vient de recevoir une lettre de M. d'Hautefort qui a l'honneur de lui mander qu'étant informé que les ennemis passaient l'Escaut aux trois endroits nommés ci-dessus, il avait jugé à propos de relever tous ses postes et de prendre le parti de se retirer du côté de Grammont, sur la Dendre. Les ennemis, dans sa retraite, l'ont attaqué plusieurs fois sans avoir osé l'entamer, vu la fierté et la bonne manœuvre de ses troupes, en sorte qu'il n'a perdu que le lieutenant-colonel de Chartres, trois ou quatre officiers subalternes et quelques soldats. Il y a apparence que M. de Nangis, avec 9 bataillons, partant de Melden, l'avait joint. Cependant, M. d'Hautefort n'en dit rien dans sa lettre.

Vous voyez, Monseigneur, que nous voici bien dispersés et qu'il faudra beaucoup de temps pour nous rassembler avant que Mgr le duc de Bourgogne puisse entreprendre quelque chose de considérable, suivant le dessein de M. de Vendôme, du côté de Lille, et pour cela continuer la guerre pendant l'hiver, mais il y a à considérer que les troupes ont besoin de repos pour se rétablir (1).

J'ai l'honneur d'être, etc.

SAINT-FREMOND.

M. d'Affry au duc du Maine.

A Tournay, le 28 novembre 1708.

Monseigneur,

Les espérances que j'avais hier lorsque j'ai eu l'honneur d'écrire à la hâte à Votre Altesse Sérénissime furent évanouies dans un instant. Je n'avais pas fait une lieue et demie de chemin que j'ai appris le passage des ennemis à Kerkhove et que le canon qu'on avait entendu était le leur, qui favorisait leur dessein. On ne sait, Monseigneur, de quelle manière s'y prendre pour rendre compte de ces sortes d'aventures. Ils ont établi leur pont, passé plus de 6,000 hommes, sans qu'on en ait su le premier avis ni par conséquent tiré un coup de mousquet sur eux. Il n'y avait à la vérité qu'un bataillon du Dauphin, le régiment de Gondrin qui n'en compose qu'un et 9 escadrons à Berchem, mais M. de Nangis, avec 9 bataillons, en était à portée, placé en deçà Melden, s'il avait été averti à temps. Il y a marché, mais plus de 20 bataillons à ce qu'on dit et autant d'escadrons étant déjà formés, il n'a pu prendre de parti que celui de se retirer sur M. d'Hautefort qui, de son côté, n'a pas eu un ouvrage médiocre (2).....

M. Dauger au duc du Maine.

A Tournay, le 28 novembre au matin.

L'événement d'hier a plus affligé qu'il n'a étonné. J'ose vous assurer, sans vouloir faire l'habile, que je me suis toujours douté que les ennemis passeraient l'Escaut quand l'envie leur en prendrait. Vous savez qu'ils l'ont passé à trois endroits, à Gavere, à Audenarde et à Berchem ; vers les 9 à 10 heures du matin, on fit partir en diligence tout ce qu'il y avait de troupes pour se porter à Berchem, mais nos généraux, ayant été informés que les ennemis étaient déjà en forces de deçà la rivière, nous firent rebrousser chemin et nous ramenèrent sous Tournai, où tout le monde campa.

---

(1) Volume 2084. Arch. hist.
(2) Volume 2108. Arch. hist.

La nouvelle vient hier au soir qu'un détachement de la garnison d'Ath s'est emparé de Saint-Ghislain, y a brûlé une cinquantaine de bateaux chargés de foin. M. d'Albergotti et le chevalier de Broglie viennent de partir à la tête des grenadiers de l'armée et de 1000 chevaux pour aller reprendre ce poste (1).

M. de Bernières à Chamillart.

A Tournay, le 28 novembre 1708.

Depuis la lettre que je me donnai l'honneur de vous écrire hier au soir, Mgr le duc de Bourgogne a reçu des nouvelles de M. le marquis d'Hautefort qui s'est heureusement retiré par Grammont, ce que je regarde comme une espèce de miracle parce que les ennemis passaient à Gavere en même temps qu'à Berchem et qu'à fur et à mesure que M. d'Hautefort se retirait pour n'être pas enveloppé, ils débouchaient aussi par Audenarde, de manière que je sais rien de plus heureux que cette retraite (1).

M. d'Hautefort à Chamillart.

Au camp de Ghlin près de Mons, ce 29e novembre 1708.

J'arrive ici, Monseigneur, avec les troupes que j'avais au camp près d'Audenarde et 9 bataillons que M. de Nangis a amenés du camp de M. de Souternon. J'ai ramené aussi 20 pièces de canon, toutes les poudres et les bagages, à la réserve de quelques charrettes. Je n'ai rien oublié pour réussir dans le parti que j'ai pris de me retirer devant les armées ennemies qui m'enveloppaient de tous côtés, l'armée de mylord Malborough ayant passé à Gavere depuis 2 heures du matin, et ayant su à 7 heures que M. le prince Eugène avait surpris le passage de Berchem, et ayant vu en même temps le chemin couvert d'Audenarde rempli de grenadiers et une colonne des ennemis qui descendait dans Audenarde, c'est, Monseigneur, dans cette situation que j'ai été obligé de me retirer. Les soins de MM. de Dreux, de Nangis et de M. le comte d'Uzès ont été fort nécessaires, aussi bien que la valeur des troupes. Les régiments de Vassé et de Pourrières ont fait tout ce que l'on pouvait faire.

M. de Roux, brigadier de la brigade, s'y est conduit avec beaucoup de valeur, et je puis vous dire, Monseigneur, que M. de Vassé n'a pas moins de vivacité devant l'ennemi qu'il en paraît ailleurs, car, à pied

---

(1) Volume 2108. Arch. hist.

(1) Volume 2085. Arch. hist.

et à cheval, il s'y est fort distingué. Son régiment a aussi beaucoup perdu. La cavalerie a aussi très bien fait, mais une retraite d'une lieue dans une plaine devant un grand corps de cavalerie qui est soutenu par toute une armée, qui ne demande qu'à vous retarder, ne se peut faire sans quelque perte. Je crois cependant que les ennemis ont perdu autant que les troupes du Roi. Je vous enverrai, Monseigneur, le détail de la perte, tant des officiers que des cavaliers et dragons que des soldats.

S. A. Électorale, qui est arrivée depuis hier au soir à Mons, a jugé à propos que je vins camper ici pour faire une attaque à Saint-Ghislain en deçà de la Haine tandis que M. d'Albergotti en fera une de l'autre côté (1).

J'ai l'honneur, etc...

D'HAUTEFORT.

État de la perte qui a été faite et qui a été donnée à M. le marquis d'Hautefort par MM. les colonels et commandants des corps à la retraite d'Audenarde.

Rég. Royal-Roussillon, tant tués que pris prisonniers : 67 hommes et 108 chevaux.

Rég. de la Reine, tant tués que blessés : 13 hommes et 25 chevaux.

Rég. de M. le comte d'Uzès, tant tués que blessés : 62 hommes et 96 chevaux.

Rég. de Tarente, tant tués que blessés : 39 hommes et 40 chevaux.

Rég. de Nugent, tant tués que blessés : 40 hommes et 64 chevaux.

Rég. des dragons de Vassé, tant tués que blessés : 84 hommes et 117 chevaux.

Rég. des dragons de Pourrières, tant tués que blessés : 128 hommes et 189 chevaux (2).

M. de Bernières à Chamillart.

A Tournay, le 29 novembre 1708.

... Au reste, Monsieur, au milieu de nos malheurs, la retraite de M. d'Hautefort fait grand honneur à la nation au dire des ennemis. MM. de Dreux et de Nangis s'y sont fort distingués, et on en parle avec beaucoup d'éloges... (3).

---

(1) Volume 2084. Arch. hist.

(2) Volume 2084. Arch. hist. Cet état ne mentionne que la perte des régiments de cavalerie et de dragons qui étaient avec M. d'Hautefort.

(3) Volume 2085. Arch. hist.

Vendôme à Chamillart.

A Tournay, ce 29e novembre 1708.

Défaites-nous, au nom de Dieu, au plus tôt, de ce fatras d'officiers généraux qui ne font que nous embarrasser...

De tout ce qui était avec M. de Souternon lorsque les ennemis ont passé l'Escaut, il n'y a pas eu un seul homme qui n'ait opiné de se retirer. Il n'y a eu que M. de Zuniga, maréchal de camp des troupes d'Espagne et Espagnol de nation, qui ait voulu absolument les charger. Cela est bien honteux pour la nation, mais je n'en suis point surpris. Si on avait pris ce parti et fait avancer M. de La Chastre et M. de Goësbriand, j'y serais arrivé à temps. Il est bon que le Roi en soit nformé (1).

Saint-Fremond à Chamillart.

Au camp de Douai, le 1er décembre 1708, à 7 heures du soir.

Monseigneur,

... Vous dites que les ennemis se sont levés plus matin que nous. J'entends fort bien ce que cela veut dire, mais je puis vous assurer, Monseigneur, que, sur les avis que Mgr le duc de Bourgogne avait reçus, son intention était de partir le 26e, au point du jour, de l'abbaye du Saulsoy. Il m'envoya le dire à M. de Vendôme, qui ne le jugea pas à propos, disant, et même le 27e au matin, que les ennemis n'avaient point passé la Lys et qu'on s'alarmait trop légèrement. Je m'en retournai chez Mgr le duc de Bourgogne. M. de Vendôme partit quelques heures devant. Nous marchâmes après plus bas que le poste de Pottes. On apprit que les ennemis avaient passé l'Escaut en trois endroits; le plus près de nous était au-dessous de Berchem, et on sut qu'ils étaient en bataille derrière la Rosne. J'ai eu l'honneur de vous envoyer le détail de tout ce qui s'en est ensuivi, et je suis au désespoir que Mgr le duc de Bourgogne ait été traversé dans l'envie qu'il avait eue d'arriver assez à temps de culbuter la tête du corps des alliés qui avaient passé au-dessous dudit Berchem. C'est assez parlé d'une campagne mal enfournée, dont la suite a eu des événements fâcheux... (2).

---

(1) Volume 2084. Arch. hist.

(2) Volume 2084. Arch. hist.

Chamillart à M. d'Hautefort.

A Versailles, le 2 décembre 1708.

Monsieur,

Lorsque j'ai reçu la lettre que vous avez pris la peine de m'écrire le 29 du mois passé, le Roi avait déjà été informé de la retraite que vous avez faite à vue de l'armée des ennemis. Elle ne vous a pas fait moins d'honneur parmi eux que parmi nous, et je suis bien aise de vous dire qu'un officier de leurs troupes, écrivant à un de ses amis, lui marque, en termes exprès, après vous avoir donné bien des louanges, que vous vous y êtes comporté en vieux capitaine et jeune soldat. Je suis bien aise que M. de Dreux vous ait secondé d'une manière dont il me paraît que vous avez été content. Il est revenu aussi beaucoup de bien de MM. de Nangis, de Roth, Mortemart, d'Uzès et de Vassé. Vous jugez bien du plaisir que je me suis fait de rendre compte à Sa Majesté de tout ce qui m'est revenu sur votre compte et sur le leur. Elle en a paru très satisfaite (1)...

M. de La Chastre à Chamillart.

A Douai, le 2 décembre 1708.

Je crois, Monseigneur, vous devoir rendre compte de ce qui se passa à mon poste le 27, jour de notre malheureuse aventure. Les bontés particulières dont vous m'honorez m'engagent à un détail exact.

M. de Marlborough descendait entre la Lys et l'Escaut avec ses troupes depuis le 26 après midi, et M. le prince Eugène arriva au milieu de la nuit à la hauteur du village d'Autryve, qui était de l'autre côté de l'Escaut, vis-à-vis d'Escanaffles, où j'avais l'honneur de commander un corps. J'en fus averti dans le moment, et, m'étant promené toute la nuit sur le bord de l'Escaut, je m'aperçus, à la faveur du clair de lune, que de l'infanterie arrivait dans le cimetière d'Autryve et qu'elle travaillait, et, au jour déclaré, je vis une batterie fort avancée, à la faveur de laquelle M. le prince Eugène se préparait à jeter des ponts. Le terrain y est fort favorable et connu pour tel, à cause d'un grand coude que fait la rivière. Je fis saluer par plusieurs coups de canon ses travailleurs : mes retranchements étaient garnis de

(1) Volume 2084. Arch. hist.

troupes. Dans ce temps-là, j'entendis tirer du canon sur ma droite, et j'appris, trois quarts d'heure après, par un officier que M. de Soufernon m'envoya, que les ennemis avaient passé à sa droite, et il m'ajouta qu'il était en marche pour se retirer, lui ayant été impossible de charger les ennemis qui étaient passés beaucoup plus forts que lui. Vous voyez ma situation, Monseigneur, M. le prince Eugène travaillant à faire un pont vis-à-vis de moi, qui n'avais d'infanterie que 5 bataillons, ne faisant pas plus de 1200 hommes. Cependant, j'envoyai à M. de Souternon les carabiniers pour le favoriser dans sa retraite. J'en étais à cinq quarts de lieue. Ils le trouvèrent à moitié chemin. Les ennemis s'étaient contentés de s'emparer de son village et de mettre ce défilé entre eux et lui. Voilà, simplement, Monseigneur, le fait qui me regarde. Ce détail n'est pas de grande importance pour l'affaire générale, mais il est si aisé de confondre dans les affaires malheureuses les gens qui y ont le moins de part que je vous supplie très humblement de trouver occasion de montrer ma lettre au Roi. Je vous avoue, Monseigneur, que cela manque à ma tranquillité. Donnez-moi, je vous conjure, cette nouvelle marque de votre protection, que je mérite par le respect et l'attachement avec lequel je suis, etc. (1).

La Chastre.

M. de Contades à Chamillart.

Au camp sous Douai, ce 3 décembre 1708.

...... Au passage de l'Escaut, le 27, à Berchem, le régiment Dauphin a perdu 20 soldats. Un lieutenant y a eu la jambe emportée d'un coup de canon. Il est à Tournai et se porte aussi bien qu'il se peut porter. 2 officiers du régiment de Condé-cavalerie y ont été pris ou tués et environ 40 cavaliers de la cavalerie qui était aux ordres de M. Souternon. Il y a eu aussi quelques équipages de pris. M. de Souternon y a perdu 2 charrettes et 2 charges de mulets. Voilà à peu près la perte de ce côté-là. Au camp de M. d'Hautefort, les 2 compagnies de grenadiers de Bourbon, les 2 de Luxembourg et celle de Sparre, avec les 5 piquets de ces bataillons, ont été prises par les ennemis. La cavalerie, à ce que m'a dit M. le comte d'Uzès qui est ici d'hier au soir, y a perdu 300 cavaliers ou environ, tués ou pris (2).

---

(1) Volume 2084. Arch. hist.
(2) Volume 2084. Arch. hist.

M. de Bernières à Chamillart.

A Douai, le 3 décembre 1708.

L'affaire du passage de l'Escaut me paraît si éclaircie que je crois tout à fait inutile de vous en parler davantage. Cela ne se peut effectivement attribuer qu'au manque d'arrangement et de ne s'être pas porté en avant avec toute l'armée quand on a su que les ennemis marchaient du côté de Pottes, d'Audenarde et de Gavere, dont on a été très bien informé 2 jours consécutifs, parce que, si on avait proportionné nos mouvements aux leurs en s'étendant le long de la rivière, et abandonnant les postes sur lesquels il n'y avait plus de jalousie à prendre, on aurait été en état de leur disputer le passage en force, au lieu qu'il y avait plus de deux heures que le canon des ennemis tirait et qu'ils passaient à Berchem et à Gavere, lorsque nous nous mîmes en mouvement du camp du Saulsoy.

Ce que je dois avoir l'honneur de vous dire, Monsieur, pour notre consolation, c'est que les troupes commandées par M. d'Hautefort et les 9 bataillons commandés par M. de Nangis qui l'ont joint fort à propos, savoir ceux de Bourbonnais, Mortemart et les 5 irlandais, ont fait des merveilles dans la retraite dont je sais que le duc de Marlborough et les ennemis en général ont parlé avec beaucoup d'éloge, mais néanmoins on en doit le salut à la précaution que M. de Dreux eut d'envoyer M. le comte d'Uzès pour rompre le pont de Nederzwalm, ce qui fut exécuté à merveille et retarda la marche de 16 bataillons et 40 escadrons qui avaient passé à Gavere aux ordres de M. le comte de Lottum, qui devait, de concert avec la colonne qui avait passé à Berchem, et celle qui passait à Audenarde, envelopper les troupes qui étaient sur la hauteur devant cette place (1).

M. de Souternon à Chamillart.

A Douai, le 12 décembre 1708.

Monseigneur,

Quoique l'on m'eut assuré que l'on voulait mettre sur mon compte la faute du passage de l'Escaut par les ennemis, je ne l'ai pu croire jusques à temps que j'ai reçu la lettre que vous m'avez fait l'honneur de m'écrire, par laquelle vous me marquez que le Roi a appris que les

---

(1) Volume 2085. Arch. hist.

ennemis ont passé cette rivière sans obstacle, quoiqu'il y eût lieu de croire qu'ils y trouveraient une grande résistance. Comme je suis persuadé, Monseigneur, que ce que vous me marquez là me regarde, trouvez bon que j'aie l'honneur de vous rendre compte de ma conduite. Si Mgr le duc de Bourgogne ne m'avait assuré qu'il ne l'improuvait en rien et qu'il savait que je n'avais manqué ni de vigilance ni de fermeté, ni en rien de tout ce qui pouvait empêcher le passage de cette rivière aux ennemis, je ne vous en parlerais plus et me tiendrais coupable, Mgr le duc de Bourgogne ayant tout vu par lui-même et ce que j'ai fait.

J'aurai donc l'honneur de vous dire, Monseigneur, que je suis arrivé à Berchem le 18 septembre, que, dès le lendemain, je fis faire des chemins sur les bords de l'Escaut pour y pouvoir passer des patrouilles depuis la Rosne jusques à la porte d'Audenarde, car j'étais chargé de tout ce terrain qui est de trois lieues par terre, et de plus de cinq par eau. J'y établis des postes dans tous les endroits où je crus que le passage de l'Escaut pouvait être tenté, avec ordre d'avoir des patrouilles continuelles d'un poste à l'autre et communication avec ceux du camp de M. d'Hautefort, qui était à deux lieues du mien, et avec celui de M. de La Chastre qui en était à une. Outre cela, j'avais deux petites troupes de cavalerie qui battaient aussi l'estrade, toutes les nuits, sur le bord de l'Escaut jusqu'à ces mêmes camps, dont l'un était à ma droite et l'autre à la gauche. J'avais un colonel ou un lieutenant-colonel du piquet qui, toutes les nuits, visitait ces postes et avait le soin de voir si les patrouilles se faisaient régulièrement, et il m'en rendait compte tous les matins à la pointe du jour. Voilà, Monseigneur, quelles ont été mes précautions, à commencer du premier jour que j'ai été à Berchem jusques au passage des ennemis, avec cette différence, que la nuit qu'ils se sont présentés sur cette rivière, j'y avais porté les 3 compagnies de grenadiers des 3 bataillons que j'avais et outre cela les piquets. J'ai été moi-même sur les bords de l'Escaut depuis minuit que les ennemis commencèrent à y paraître jusques à ma retraite. Je ne vous avance en tout cela pas un mot qui ne vous soit justifié par tous les officiers qui étaient avec moi.

Peut-on m'accuser de n'avoir pas été bien informé des mouvements des ennemis? Je ne demande pour grâce à Mgr le duc de Vendôme que celle de montrer les lettres que je lui ai écrites le 26, l'une à midi, par laquelle je lui marque que les ennemis avaient entièrement passé la Lys le 25 et qu'ils devaient marcher, l'autre, de 3 ou 4 heures, par laquelle je lui mande positivement que les ennemis sont en marche depuis midi, qu'ils doivent marcher toute la nuit, qu'ils ont une colonne qui va droit sur Gavere et toutes les autres sur Audenarde, sur Autryve et sur moi. Pour réponse à ces lettres, il me mande qu'il a reçu mes nouvelles et qu'il viendra le lendemain coucher chez moi pour voir par lui-même de quoi il est question. Je lui récrivis, par le même postillon qui m'avait apporté cette lettre, que les ennemis étaient sur l'Escaut et que, s'il ne m'en voulait pas croire, qu'il en crût le postillon qui les avait vus, ce sont les termes de ma lettre. Malgré tous ces avis, l'on ne fait aucun mouvement, quoique l'ont m'eût dit, toutes les fois que j'ai demandé des troupes, que l'on ne pouvait m'en donner, que je n'en avais pas besoin parce que l'on serait averti des mouvements des ennemis et que l'on porterait d'abord l'armée de mon côté ou même sur Audenarde.

Voilà, Monseigneur, ce que l'on m'a toujours dit. J'avais 10 pièces de canon; l'on me les ôta la veille que les ennemis sont marchés à moi. La colonne qui marchait sur Gavere y passa l'Escaut dès minuit; elle était de 16 bataillons et de 40 escadrons. Tout le reste de l'armée des ennemis, consistant en plus de 70 ou 80 bataillons avec toute leur cavalerie, se présenta d'abord vers le village de Waermaerde, à une lieue d'où ils sont passé, et à sept ou huit autres endroits. Je m'y en allai diligemment, comme j'ai déjà eu l'honneur de vous le mander. J'envoyai M. de Montmirel, major du régiment Dauphin, se promener aussi le long de l'Escaut, et ce fut lui qui me vint dire que les ennemis avaient achevé un pont entre Kerkhove et le château d'Elsegem une demi-heure avant le jour, à couvert d'une inondation d'une demi-lieue et environ vers le centre de l'inondation. J'y marchai avec toutes les troupes en toute diligence. Pour aborder aux troupes des ennemis, il me fallut prendre la tête de l'inondation, qui ne se peut traverser à cause des fossés profonds qui sont dans le milieu, et couler entre l'Escaut et l'inondation plus de 400 pas. Je trouvai l'autre bord de cette rivière et le coude qu'elle fait, que je laissai derrière moi, bordés de toute l'infanterie des ennemis et de toute leur artillerie, au nombre de plus de 30 pièces. Tous MM. les officiers principaux, qui étaient avec moi, me firent connaître l'impossibilité où j'étais d'empêcher le passage, et je me rendis à leurs raisons. Je vous ai rendu compte du surplus.

Il faut bien, malgré les forces des ennemis et leur artillerie, que je me sois tenu longtemps devant eux puisqu'ils ne sont arrivés sur M. d'Hautefort qu'à 1 heure après midi. Je conviens que les officiers, commandant les deux postes près du pont que les ennemis faisaient, auraient pu m'avertir plus diligemment, mais en vérité, Monseigneur, je n'aurais pas empêché pour cela le passage de l'Escaut. Ils avaient passé à Gavere, et d'ailleurs que peut-on faire avec 3 bataillons qui, de leur aveu, n'avaient pas en tout 700 hommes, et 10 escadrons qui avaient 300 chevaux détachés, sans artillerie, contre les armées de M. le prince Eugène et de M. de Marlborough presque entières, ayant à garder deux lieues de terrain. Je vous ai rendu compte des raisons qui m'avaient obligé à placer M. le marquis de Nangis, avec les 9 bataillons, vis-à-vis de Petegem, à une lieue de moi, ainsi je ne vous les redirai pas. Je sais que l'on a voulu distribuer que les troupes que j'avais n'étaient pas en état. M. le marquis de Nangis vous dira, Monseigneur, que je lui mandai, dès 9 heures du soir, de tenir ses troupes prêtes à marcher. La continuelle correspondance dans laquelle je fus toute la nuit avec lui, M. le marquis d'Hautefort et M. le marquis de La Chastre, sont des preuves certaines que je ne dormais pas.

Je suis certain, Monseigneur, qu'ils le témoigneront. J'ai les réponses qu'ils m'ont faites à tous les billets que je leur ai écrits, qui est le seul temps que j'ai mis pied à terre pour les informer à chaque instant de ce que j'apprenais. Je me suis retiré dans tout le bon ordre possible. J'ai contenu les ennemis tant que j'ai pu. J'ai donné du temps à M. le marquis d'Hautefort que j'ai averti. J'ai cru, Monseigneur, que c'était tout ce qu'on pouvait attendre de moi, dès que l'on m'abandonnait avec le peu de troupes que j'avais, malgré les avis réitérés que j'ai donnés le 26.

Si, après cela, Monseigneur, vous trouvez que j'ai failli, j'en demande pardon au Roi et à vous, mais, si vous trouvez que je n'ai pas tort, j'espère de vos bontés pour moi que vous voudrez bien le faire connaître à Sa Majesté pour qu'Elle n'ait aucune fâcheuse impression de ma conduite. Je tâcherai toujours, par mon application et par toutes sortes d'endroits, de lui marquer mon attachement et mon zèle pour son service, et je ferai aussi de mon mieux pour mériter l'honneur de votre protection et vous faire connaître que j'ai celui d'être avec un très profond respect, Monseigneur, votre très humble et très obéissant serviteur (1).

Souternon.

M. de Souternon à Chamillart.

Maubeuge, le 19 décembre 1708.

Monseigneur,

Je ne reçois qu'aujourd'hui la lettre, que vous m'avez fait l'honneur de m'écrire le 10, par laquelle vous me mandez que l'on publie que les ennemis se sont saisis d'un pont appartenant au Roi à Berchem et qu'ils s'en sont servis pour passer l'Escaut. Je vous assure, Monseigneur, que le Roi n'a jamais eu de pont à Berchem. Le même jour que j'y arrivai, je fis prendre tous les bateaux qui étaient sur cette rivière

(1) Volume 2084. Arch. hist.

depuis Escanaffles jusques auprès d'Audenarde, qui consistaient à neuf ou dix petites barques à pouvoir passer quatre ou cinq hommes à la fois. Je m'en saisis pour que personne ne pût passer sans que j'en fusse informé, et, dans la suite, je fis attacher ensemble tous ces petits bateaux, et, avec cinq ou six portes de granges, je fis faire une espèce de pont pour faire passer quelquefois des grenadiers que j'envoyais à la guerre. Voilà, Monseigneur, le pont qu'il y a eu à Berchem, duquel les ennemis n'ont eu garde de se saisir puisque M. de Zuniga, maréchal de camp des troupes d'Espagne, qui était avec moi, et M. de Montmirel, major du régiment Dauphin, l'ont fait rompre avant qu'il fût question d'aucun ennemi. Vous pouvez, Monseigneur, vous en rapporter à eux et à M. le comte de Beuil. Ils vous diront la vérité et que, si les ennemis avaient passé sur ce pont, je n'aurais pu me retirer à l'armée ; il aurait fallu me rejeter sur le camp de M. d'Hautefort. Les ennemis ont passé où j'ai eu l'honneur de vous le mander, près du château d'Elsegem, au-dessous du village de Kerkhove et une demi-lieue plus bas que ce prétendu pont. Tout ce que l'on débite sur cela, Monseigneur, n'est pas plus vrai que ce qu'on a dit que j'étais dans mon lit lorsque les ennemis ont passé et que les troupes que j'avais n'étaient pas en état. Je sais que tous ces discours ont été semés par des gens de la maison de M. le duc de Vendôme. S'ils avaient été bien informés et qu'ils eussent su que les ennemis avaient passé dès minuit à Gavere, peut-être n'auraient-ils pas songé à me noircir par des mensonges aussi extraordinaires. Ayez la bonté, Monseigneur, de vous faire informer de ce que je vous marque par ces messieurs que je vous ai cités et même par M. le marquis de Gondrin qui est à la cour, à ce que je crois présentement. M. Dalzau, de même que tous les commandants des corps et les autres officiers, pourront aussi vous dire la vérité. Il m'est aisé de vous justifier tout ce que j'ai déjà eu l'honneur de vous mander, tant par les lettres de M. le duc de Vendôme que par les réponses que j'ai eues dans la nuit du 26 au 27 aux billets que j'écrivis à M. d'Hautefort, à M. de Nangis et à M. de La Chastre, qui vous feront voir, Monseigneur, qu'il s'en fallait bien que je fusse endormi ni que je laissasse un pont aux ennemis, comme on l'a voulu débiter.

J'espère, Monseigneur, de la continuation de vos bontés et de votre protection que vous ferez connaître à Sa Majesté la vérité de toute cette affaire. Je serais bien malheureux, Monseigneur, si vous me refusiez cette grâce-là. Je n'en demande aucune si je ne justifie pas tout ce que j'ai déjà eu l'honneur de vous mander et tout ce que je vous marque encore. Je suis d'autant plus malheureux que j'ai parfaitement bien averti le 25 et le 26 de tous les mouvements des ennemis, mais l'on n'a jamais voulu croire ce que j'ai mandé. Si j'étais assez heureux pour que vous voulussiez bien me permettre de me rendre près de vous pour deux fois vingt-quatre heures, je vous assure, Monseigneur, que je vous ferais voir bien clairement qu'il ne fut jamais rien de si injuste ni de si faux que ce que l'on a débité sur le fait du passage de l'Escaut à Berchem. Je vous supplie très humblement, Monseigneur, de ne pas me refuser la consolation de vous faire connaître la vérité de toutes choses (1).

J'ai l'honneur, etc...

SOUTERNON.

(1) Volume 2084. Arch. hist.

APPENDICE III

Lettres relatives à l'attaque de Bruxelles.

M. de Bergeyck à Chamillart.

A Mons, le 19 novembre 1708.

Monseigneur,

J'ai cru que l'on ne devait pas rester dans l'inaction dans le temps que les ennemis se portent partout pour nous inquiéter. J'ai proposé à S. A. Électorale un nouveau projet sur Bruxelles que sa présence pourrait fort animer, par rapport à la bonne volonté que la bourgeoisie a témoignée, et témoigne encore actuellement, pour sortir de l'oppression qu'elle souffre depuis qu'elle a été occupée par les ennemis. S. A. Électorale est entrée dans ma pensée. Je me suis donné l'honneur de le proposer ensuite à Mgr le duc de Bourgogne qui l'a fort approuvé, ainsi que M. le duc de Vendôme. Ce projet se doit exécuter par les troupes de garnison, dont j'envoie à Votre Excellence ici l'état (1). Je crois que, si l'on pouvait réussir à cette entreprise, elle serait d'un grand éclat et empêcherait les ennemis de penser à prendre des quartiers d'hiver dans la Flandre française, et les obligerait à repasser avec toute leur armée, pour reprendre Bruxelles, parce qu'il leur serait autrement impossible de pourvoir leurs places de la Flandre de munitions et de vivres pendant l'hiver; parce qu'ils risqueraient de perdre toute leur armée, quand ils y voudraient rester sans aucune communication avec leurs places, à cause qu'il me paraît que nous sommes assez en état pour leur empêcher la communication avec les villes de Hollande par tous les autres endroits, et qu'ainsi cette entreprise nous pourrait même conduire plus promptement à la paix, qui a

---

(1) Voir cet état à la page 12.

été mon unique objet en tout ce que j'ai proposé à Mgr le duc de Bourgogne pendant la campagne. Comme la plupart des bataillons de garnison sont très faibles, et qu'il y en a même trois ou quatre qui n'ont que 200 hommes, S. A. Électorale a prié Mgr le duc de Bourgogne de lui donner encore 4 bataillons, si cela ne dérangerait pas l'objet principal. Mgr le duc de Bourgogne les lui a accordés, et 6 escadrons, de son propre mouvement, ce qui donnera le moyen à S. A. Électorale de faire deux fausses attaques à deux autres portes, et ces 4 bataillons et 6 escadrons seront renvoyés à l'armée aussitôt que l'entreprise sera réussie ou faillie. S. A. Électorale n'y prétend employer que quatre ou cinq jours, dès qu'Elle sera arrivée devant la place.

Elle compte d'y être le 22 au soir. Si cette entreprise a un heureux succès, le Roi pourra considérer, selon l'état des affaires, s'il convient à son service de conserver Bruxelles ou de l'abandonner. Cela, à ce qu'il me paraît, dépendra de l'état auquel se trouvera alors l'armée ennemie, et le parti qu'ils prendront, à cause que, si Sa Majesté réunit ses forces sous Gand, il paraît qu'il (*sic*) pourrait soutenir Bruxelles par Alost. Par les grosses pertes que les ennemis ont faites pendant cette campagne et le corps de troupes qu'ils doivent de nécessité laisser à Lille, Menin, Audenarde et les autres postes que les ennemis devront occuper dans la Flandre, leur armée sera notablement diminuée, et celle du Roi aura la supériorité, si les officiers qui commandent les détachements que l'on a faits de l'armée de Mgr le duc de Bourgogne ont leurs ordres et règlent ensuite bien leurs mouvements, pour rejoindre l'armée, sur ceux que feront les ennemis de leur part pour s'approcher de l'Escaut ou du canal de Bruges, pour se faire un passage. Il me paraît toujours également que les ennemis sont dans une situation bien violente si nous faisons sagement tout ce que nous pouvons faire dans la situation où ils sont. J'ai l'honneur d'être avec le plus profond respect, etc. (1).

Le comte DE BERGEYCK.

M. le comte de Bergeyck à Chamillart.

Au camp d'Ixelles, le 26 novembre 1708.

Monseigneur,

J'ai reçu la lettre que Votre Excellence m'a fait l'honneur de m'écrire le 23 de ce mois. Ce sera assurément un miracle si S. A.

(1) Volume 2084. Arch. hist.

Électorale prend Bruxelles avec les troupes qu'il a avec lui, mais un miracle naturel si la bourgeoisie, sur laquelle on a compté, nous assiste, ce que nous verrons dans deux ou trois jours que l'on sera logé sur le chemin couvert, et si l'on peut faire brèche dans le rempart, qui est une muraille sèche. J'ai proposé ce projet sur ce hasard, mais je n'ai pas voulu faire l'attaque où l'on la fait à cause que le terrain est trop long entre la porte de Louvain et de Namur pour un si petit corps de troupes, et il y a trop d'ouvrages où ils peuvent placer du canon. J'avais proposé de faire l'attaque à la droite et à la gauche du canal, où il y a peu ou point d'ouvrages principaux, et de saigner le canal au sas de Vilvorde, qui fait découler en même temps l'eau du fossé entre le canal et la porte de Lacken et facilitait à pouvoir emporter d'abord le bastion qui est à la droite du canal, qui est en fort mauvais état et qui n'a ni palissade sur la berme ni de fraise et qui est presque tout éboulé à la face et au flanc droit, et, quand on était maître du pont de Laeken, l'on y pouvait aborder deux bataillons de front par l'allée verte; mais M. le comte d'Arco a conseillé à Son Altesse de faire l'attaque du côté du parc, à cause qu'il n'y a qu'une muraille sèche, et que l'on y peut aisément faire une grande brèche.

L'on a, la nuit du 24, commencé à établir une batterie à cent pas du chemin couvert, et on a tiré deux boyaux à la droite et à la gauche de la batterie pour la soutenir. L'on a perfectionné la batterie et le travail la nuit du 25, et elle était en état de commencer à tirer ce matin si un brouillard fort épais qui s'est levé n'avait pas empêché de voir le pied de la muraille. Ainsi on a peu tiré aujourd'hui. Les ennemis y ont opposé de nouvelles batteries qui battent la nôtre de revers. Nous avons d'ailleurs peu de canonniers et nous sommes un peu dérangés en tout. On fait état de la fortifier et réparer cette nuit, pour pouvoir mieux tirer demain à la pointe du jour. S'il ne survient aucun accident et que les canonniers fassent bien leur devoir, l'on pourrait avoir brèche demain au soir. L'on prétend se loger aussi cette nuit sur les deux angles du chemin couvert. Si tout cela réussit, il faut voir si les bourgeois ne se remueront pas alors pour obliger le commandant à capituler. Les ennemis ont fait des batteries sur tous les ouvrages, comme je l'avais prévu, à cause qu'il n'y a que cette attaque, et tirent fortement et bien, et nous ont tué et blessé aujourd'hui quelques officiers et soldats. M. de Nevelstein, lieutenant du Roi du château de Namur et brigadier, a été blessé dangereusement ce matin à la tête (1).

J'ai l'honneur, etc.

Le comte de BERGEYCK.

---

(1) Volume 2084. Arch. hist.

M. de Bergeyck à Chamillart.

Au camp d'Ixelles, le 27 novembre 1708.

Monseigneur,

Je me suis hier donné l'honneur de rendre compte à Votre Excellence de ce que S. A. Électorale avait fait jusqu'alors. Elle a fait attaquer cette nuit le chemin couvert, et l'on avait fait un logement sur les deux angles devant la batterie, mais les ennemis nous en ont chassés ce matin. Elle a fait tout ce que les bien intentionnés de la bourgeoisie lui ont proposé pour la faire remuer, mais ils n'ont fait aucun mouvement jusqu'à présent pour obliger le commandant à se rendre, et comme il n'a pas de troupes à suffisance pour l'y obliger par la force, il a résolu de faire retirer cette nuit le canon de la batterie, de le mettre demain en train sur la chaussée de Namur pour se retirer après-demain (1).

J'ai l'honneur, etc.

Le comte de BERGEYCK.

Les Seigneurs Députés (à Bruxelles) à leurs Hautes Puissances les États-Généraux.

De Bruxelles, le 27 novembre 1708.

Hauts et Puissants Seigneurs,

.....Ce nous est un singulier plaisir de pouvoir informer Vos Hautes Puissances par la présente que les ennemis, sans avoir gagné un pouce de terrain, commencèrent hier, à 9 heures du soir, à attaquer la contrescarpe avec beaucoup de furie, entre les portes de Louvain et Namur. Le feu a été terrible de part et d'autre et a continué jusqu'à 5 heures du matin, pendant lequel temps les ennemis ont fait neuf attaques et se sont enfin logés sur le glacis de la contrescarpe. Mais, sur les 6 heures, les nôtres ont fait une sortie du chemin couvert, l'épée à la main et avec tant de succès que les ennemis ont été chassés de leurs ouvrages sur la contrescarpe, lesquels on a aplanis.

On ne peut pas assez louer la bravoure des troupes de la garnison, surtout celles de l'État, quoique toutes en général aient très bien fait leur devoir. Mais comme cette garnison est déjà fort fatiguée et qu'elle ne pourra résister longtemps aux vigoureuses attaques que les ennemis

(1) Volume 2084. Arch. hist.

recommenceront suivant toute apparence, nous avons représenté fortement au duc de Marlborough et aux députés à l'armée de ne perdre aucun moment pour secourir cette place; sans quoi, quelque braves que soient nos gens, ils ne pourront pas soutenir fort longtemps les furieuses attaques des ennemis (1).

J. van den Berg, Baron van Reede seigneur de Renswoude.

Les Seigneurs Députés (à Bruxelles) à leurs Hautes Puissances les États-Généraux.

De Bruxelles, le 28 novembre 1708.

Hauts et Puissants Seigneurs,

Nous espérons que Vos Hautes Puissances auront bien reçu la lettre par laquelle nous eûmes hier l'honneur de leur communiquer les furieuses attaques que les ennemis firent la nuit du 26 au 27 sur la contrescarpe de cette ville. Et après qu'hier nous eûmes de nouveau disposé toutes choses autant qu'il était possible pour résister aux attaques des ennemis, à cause que les espions avaient rapporté unanimement que cette nuit les ennemis entreprendraient non seulement un assaut général, mais aussi qu'ils tireraient sur la ville à boulets rouges pour exciter les bourgeois à une sédition, on remarqua la nuit, vers les 12 heures, que l'armée ennemie était en mouvement et, peu après, qu'elle se retirait vers Namur avec une telle précipitation que les ennemis ont laissé douze pièces de canon et quatre mortiers, qui sont tombés entre nos mains.

Nous ne pouvons assez louer le courage et la conduite des généraux Pascale, Wrangel et Murray, ni assez estimer celle des colonels Egelin et Lescheraine, lesquels, s'étant trouvés ici sans régiments, nous ont néanmoins offert de s'employer à la défense de la ville, et nous espérons qu'il plaira à Vos Hautes Puissances de faire réflexion dans l'occasion sur les services rendus par ces officiers.

Les États de Brabant ont fait paraître dans cette occasion, comme en plusieurs autres, leur zèle pour le roi Charles et ses alliés, ne nous ayant jamais laissés en arrière, touchant l'argent dont nous avions besoin en cette occasion, de sorte qu'il n'a pas été nécessaire que nous ayons employé ni le crédit de l'État ni le nôtre en particulier, en quoi lesdits États ont beaucoup mérité.

Nous félicitons Vos Hautes Puissances de la conservation de ce poste

---

(1) *Mercure historique* de 1708.

important par où Anvers et les frontières de notre République sont en sûreté, et les villes de Louvain, Malines et Lierre conservées. Et notre secrétaire, que nous envoyons exprès, aura l'honneur d'informer Vos Hautes Puissances plus en détail des particularités, à quoi nous nous référons à cause du peu de temps, étant extrêmement joyeux qu'il ait plu au Tout-Puissant de bénir, pour le bien de l'État, la résolution que nous avions prise d'aider à défendre cette place jusqu'à l'extrémité.

J. van den Berg, Baron de Reede seigneur de Renswoude.

P.-S. — Nous avons oublié de marquer que M. Decker, premier bourgmestre de cette ville, s'est employé avec beaucoup de zèle et d'affection pendant ce siège, dans tout ce qui était de son département (1).

Le général Pascale (2) à leurs Hautes Puissances les États-Généraux.

De Bruxelles, le 28 novembre 1708.

Je me donne l'honneur de vous notifier que S. A. Électorale de Bavière a levé le siège de Bruxelles, abandonnant douze pièces de canon et trois chariots de poudre. Depuis le 26 jusqu'au 27, il avait fait travailler à ses batteries, et, vers les 10 heures du soir, il commença à attaquer le chemin couvert avec toute la vigueur imaginable, mais il fut repoussé dans toutes ces attaques par une garnison qui les soutint avec une fermeté inexprimable. Je me réfère au surplus au porteur.

Les ennemis ont perdu beaucoup de monde et m'ont laissé tous les blessés qui montent à plus de 800, à ce qu'on m'assure. Dans l'occasion, j'en enverrai une liste exacte à Vos Hautes Puissances. J'espère que vous me permettrez de vous féliciter dans cette heureuse rencontre.

J'ai eu deux seconds dans cette affaire : savoir, le major général Murray et le baron Wrangel, qui ont fait tout ce qu'on attendait de deux personnes d'une aussi grande expérience et valeur. J'ai aussi été secondé par la courageuse garnison, de même que par les colonels Egelin et Lescheraine qui étaient ici, quoiqu'ils n'appartinssent pas à la garnison. Je manderai à Vos Hautes Puissances dans l'occasion la bravoure de tous les principaux des corps de la garnison et de tous les officiers de chaque nation.

On doit attribuer ce bon succès à la fermeté et résolution que les députés de Vos Hautes Puissances ont témoignées dans cette occasion,

---

(1) *Mercure historique* de 1708.
(2) Le gouverneur de Bruxelles.

et leur présence a excité une telle fermeté et confiance parmi la bourgeoisie qu'elles ne peuvent être assez prisées, de même que leurs bourgmestres, touchant leur zèle et valeur dans l'exécution de tout ce qu'on souhaitait d'eux (1).

PASCALE.

M. de Bergeyck à Chamillart.

Mons, le 29 novembre 1708.

Monseigneur,

J'espère que Votre Excellence aura reçu ma lettre du 27 par laquelle je me suis donné l'honneur de lui rendre compte de notre situation devant Bruxelles jusques à 10 heures du matin du même jour. Je lui rends compte à présent de la suite, que S. A. Électorale avait donné les ordres pour faire retirer pendant la nuit tout le canon qui était sur la batterie, à quoi il fallait presque toute la nuit, à cause des chemins qui étaient devenus beaucoup plus mauvais et qu'il fallait réparer quand, à 9 heures du soir, le sieur Bette, capitaine de cavalerie dans Egmont et officier de confiance, arriva au camp pour avertir S. A. Électorale que l'armée de milord Marlborough avait passé l'Escaut à Gavere la nuit précédente, à 2 heures du matin, et dit à S. A. Électorale de l'avoir vu, que M. le baron de Capres l'avait envoyé au dit Gavere avec son frère, cornette dans le même régiment, pour reconnaître le mouvement des ennemis qui étaient arrivés le 26 à Asper et Synghem; qu'ils s'étaient approchés de l'Escaut devant minuit; qu'ils y avaient jeté quatre ponts et passé aux environs des 2 heures après minuit; que la garde, qui était au château de Gavere, avait fait une décharge sur les premiers qui avaient passé les ponts, et qu'elle s'était ensuite retirée à Gand; qu'il y était resté jusqu'à ce qu'il avait vu passer de la cavalerie et de l'infanterie; qu'il avait alors envoyé son frère le cornette pour en informer le baron de Capres et qu'il avait cru très important, pour le bien du service, d'en venir lui-même avertir S. A. Électorale; qu'il avait vu détacher d'abord plusieurs petites troupes qu'il croyait pour occuper tous les chemins qui conduisent vers Bruxelles, et que le gros avait pris le chemin vers Over et Nederbrakel, qui va vers Ninove, et qu'ainsi ce détachement pouvait être pour le midi 28 à Bruxelles; que M. le marquis d'Hautefort, qui commandait le camp sous Audenarde, y avait mis le feu et s'était retiré.

Comme ce capitaine est un officier de confiance, S. A. Électorale n'hésita pas d'en donner une entière à tout ce qu'il venait de lui

(1) *Mercure historique* de 1708.

rapporter, et, considérant que, si les ennemis avaient fait un détachement de 6,000 chevaux, comme ils devaient faire naturellement pour secourir Bruxelles, ils pouvaient absolument lui couper la retraite et par conséquent l'enserrer où Elle était sans aucune ressource, à cause qu'il n'y avait qu'un chemin pour retourner à Mons ou à Namur, à travers de la forêt de Soignes, qui est de plus de trois heures mais tout pavé; et ayant d'ailleurs beaucoup d'inquiétude pour Mons à cause de la surprise de Saint-Ghislain et qu'il n'y avait qu'un bataillon, dont 250 hommes avaient été détachés pour l'escorte du pain, S. A. Électorale prit au moment un parti forcé d'abandonner le canon qui était sur la batterie et de faire marcher toute l'armée sans perdre aucun temps vers Nivelles. Elle laissa le soin de cela à M. le maréchal d'Arco et monta à 10 heures à cheval pour se porter à Mons avec les 5 escadrons de ses gardes, le régiment de Notaf et l'escadron de dragons de Melun. Elle donna encore ordre à M. le maréchal d'Arco de renvoyer de Nivelles les garnisons de Namur et de Charleroi avec les 2 bataillons de l'Électeur de Cologne, et S. A. Électorale arriva hier, à 3 heures, en cette ville, et toutes les troupes sont pareillement arrivées dans les endroits où S. A. Électorale les avait fait marcher. Elle apprit, en arrivant ici, que M. le marquis d'Hautefort était avec son corps à Enghien et qu'il avait été coupé du camp de Mgr le duc de Bourgogne par une colonne de l'armée des ennemis qui avait passé à Berchem. Mgr le duc de Bourgogne a envoyé M. d'Albergotti, lieutenant général, avec 1500 grenadiers, 1000 chevaux et 2 régiments de dragons pour reprendre Saint-Ghislain, et il a envoyé ordre à M. le marquis d'Hautefort de l'appuyer avec son corps qui est de 25 bataillons et d'autant d'escadrons. M. d'Albergotti attaquera ce poste de l'un côté de la Haine et M. le marquis d'Hautefort de l'autre. M. d'Albergotti a déjà commencé cet après-midi de faire tirer le canon sur les palissades et les barrières qui forment la porte de ce côté-ci de la Haine. Je ne sais pas encore si M. le marquis d'Hautefort sera arrivé devant le soir de l'autre côté. Je ne vous dirai pas, Monseigneur, combien vive est ma douleur sur tous ces mauvais succès. Je vous prie d'être bien persuadé que personne n'est avec un plus absolu dévouement ni avec plus de respect (1).

L'Électeur de Bavière au Roi.

A Mons, du 29 novembre 1708.

Sire,

Par la lettre que je me suis donné l'honneur d'écrire à Votre Majesté

(1) Volume 2084. Arch. hist.

le 19 de ce mois, Elle aura vu que la réussite de l'entreprise sur Bruxelles, avec le peu de troupes que j'avais pour cela, n'était fondée que sur l'assistance que me promettaient les bourgeois et peuple de Bruxelles, sur laquelle pourtant je n'ai pas fait un fond solide comme madite lettre l'a marqué avec les raisons qui me faisaient douter de leur fermeté, quand cela viendrait au fait, ainsi que cela est arrivé. J'avais fait une batterie qui battait en brèche la muraille entre la porte de Namur et de Louvain; on voyait déjà percer les coups par cette muraille point terrassée et faible. J'ai été le maître du chemin couvert, pris la nuit passée. J'ai fait jeter quelques bombes dans la ville pour donner sujet au peuple de se soulever et forcer le commandant de se rendre, ainsi que les bourgeois mêmes me l'avaient fait demander. Dans le temps de l'attaque du chemin couvert, toute la garnison, jusques aux dragons pied à terre, était dans les dehors et sur les remparts. Ainsi, les bourgeois étaient les maîtres de me livrer une porte, mais tout cela n'a servi de rien. Ils n'ont jamais osé s'attrouper; bien au contraire, le commandant leur ayant demandé de prendre les armes pour la défense de la ville, pour l'Archiduc, ils ont répondu que, comme ils ne les ont pas prises contre eux, quand ils sont entrés dans Bruxelles, ils en feraient de même présentement à notre égard, que pourtant ils promettaient de ne se point remuer et qu'ils souffriraient d'être bombardés et brûlés sans s'émouvoir, comme effectivement ils avaient mis des gardes bourgeoises dans les carrefours pour empêcher les désordres, de quoi le commandant était content et ne demandait pas autre chose. C'était la résolution que lesdits bourgeois m'ont fait savoir d'avoir prise, et qu'ils ne sauraient faire autre chose en ma faveur.

Le 27 au matin, le poste déjà pris et établi sur le chemin couvert fut abandonné des nôtres très légèrement, car les ennemis ne l'ont attaqué qu'après qu'ils ont vu la confusion parmi ceux qui l'occupaient, de quoi on ne peut dire une bonne raison. Il n'était pas possible de songer à le reprendre avec le peu de troupes que j'avais qui, sans cela, par le petit nombre étaient déjà fatiguées d'un travail qu'ils ne pouvaient plus soutenir, et comme à l'attaque du chemin couvert nous avons perdu beaucoup de monde et de bons officiers entre lesquels est le marquis de Beaufermé, colonel des troupes de Votre Majesté, les ennemis ayant fait un feu des plus grands que j'aie jamais vus en pareille occasion, et plusieurs attaques et sorties pour rechasser les nôtres, dont ils ont toujours été repoussés, et qu'ils étaient si supérieurs en artillerie que notre batterie était battue d'une force qu'elle ne pouvait se soutenir, parce que je n'avais pas assez de canons pour pouvoir ruiner leurs défenses et battre en brèche en même temps, toutes ces raisons m'obligeaient déjà à songer à retirer le canon en cas que jusque-là il n'y eût pas de changement du côté de la ville. Il fallait, pour cela et pour le mener sur la chaussée de Waterloo, vingt-quatre heures de temps, tant pour faire raccommoder les chemins impraticables que pour avoir des chevaux pour atteler le canon, parce que les paysans qui l'avaient amené avaient déserté tous avec les chevaux et les traits, et encore étais-je incertain pour quel temps je pouvais avoir des chevaux avec les traits nécessaires, parce qu'il fallait les faire prendre par force dans les villages les plus voisins. En ce temps, le 27 du soir que je faisais ces dispositions, j'appris la nouvelle que les ennemis avaient surpris le passage sur l'Escaut. Celui qui m'apporta cette nouvelle, capitaine dans le régiment d'Egmont, avait vu lui-même l'armée des ennemis en deçà de l'Escaut et comme quoi les troupes de Votre Majesté se retiraient. Cet officier m'a aussi assuré qu'il y avait quelques troupes des ennemis qui s'avançaient sur le chemin de Bruxelles. J'appris en même temps que Saint-Ghislain avait été surpris par les ennemis, et l'on me mandait de Mons qu'il y avait un corps considérable des ennemis qui marchait vers Bavay pour aller aux Estinnes. Je n'avais aucune nouvelle en ce temps-là du parti qu'avait pris Mgr le duc de Bourgogne, ni du corps sous les ordres de M. le marquis d'Hautefort. En cette situation, je ne pouvais prendre d'autre parti que celui de retirer les troupes le plus tôt possible, et comme je regardais Mons entièrement exposé, n'y étant pour toute garnison qu'un seul bataillon, qui avait donné la moitié pour l'escorte du pain, j'ai cru que le plus important était de mettre Mons en sûreté, et, comme je n'avais pas assez de troupes, j'ai cru que m'y portant moi-même en diligence était le meilleur parti que je pouvais prendre. Ainsi, (je) marchai aussitôt, la même nuit du 27 au 28, avec 2 régiments de dragons qui faisaient 3 escadrons et les 5 compagnies de mes gardes, laissant ordre à mon feld-maréchal, le comte d'Arco, de retirer le reste et d'envoyer le canon, autant qu'il en pouvait retirer, à Namur, escorté des troupes que j'avais tirées de cette garnison-là et par les 2 bataillons de l'Électeur de Cologne. Le feld-maréchal d'Arco a retiré les troupes et le canon qui était resté dans le parc de l'artillerie, mais n'a pu retirer les 10 pièces qui étaient en batterie. Je suis arrivé ici hier au soir avec les troupes que j'avais avec moi ; j'ai eu les désagréments du démenti de cette entreprise, auquel je me suis exposé par le seul effet de mon zèle, comme je l'ai mandé à Votre Majesté quand je me suis donné l'honneur de lui marquer que je l'avais résolue. MM. les marquis d'Hautefort et de Nangis viennent d'arriver ici avec leurs troupes et M. d'Albergotti m'a fait savoir son arrivée à Boussu avec le corps qu'il commande et qu'il faisait, en attendant, construire des ponts sur la Haine. On fait toutes les dispositions pour investir et attaquer encore ce soir ou demain au matin Saint-Ghislain, afin de ne pas donner le temps aux ennemis de s'y fortifier davantage (1).

Je suis avec respect, etc.

M-Emanuel ÉLECTEUR.

L'Électeur de Bavière à Chamillart.

Mons, ce 29 novembre 1708.

Les bourgeois de Bruxelles, Monseigneur, se sont bien mal acquittés de leurs promesses. Je n'ai jamais fait grand fond là dessus comme vous le savez. Le comte de Bergeyck, qui connaît ce peuple depuis longtemps et mieux que moi, faisait beaucoup de fondement sur eux, quand il m'a proposé l'entreprise de Bruxelles, mais il a été encore plus trompé que moi.

J'ai fait ce qu'ils ont souhaité et au delà. Ils avaient le champ libre de tout entreprendre car j'ai occupé toute la garnison entière trois fois vingt-quatre heures dans les dehors et les remparts, mais tout cela n'a rien produit comme vous le verrez plus en détail par ma lettre au Roi. Ce qui me chagrine le plus dans cette affaire n'est pas le désagrément du démenti de cette entreprise mais d'avoir été obligé de sacrifier plusieurs bons officiers et soldats pour pousser les choses à un point comme les bourgeois l'ont demandé pour obliger le commandant de se rendre; mais, après le passage que les ennemis ont surpris sur l'Escaut, tout a changé de face et vous verrez, Monseigneur, par le compte que je rends au Roi, à quoi les choses en sont de ce côté-ici. Plaignez-moi en cette occasion, et soyez persuadé que je suis, Monseigneur, tout à vous (2).

M-Emanuel ÉLECTEUR.

M. Buisson (3) *à Chamillart.*

De Mons, ce jeudi 29e novembre 1708.

Monseigneur,

J'eus l'honneur de vous mander mon départ de Gand avec les troupes que l'on en avait tirées pour l'expédition de Bruxelles. Dès ce jour-là nous avons toujours été en marche ou en mouvement continuel. Il n'y

---

(1) Volume 2084. Arch. hist.

(2) Volume 2084. Arch. hist.

(3) Brigadier d'infanterie, détaché de l'armée du duc de Bourgogne pour servir au siège de Bruxelles.

avait que moi de brigadier servant; j'étais chargé de ce qui regardait l'infanterie et les attaques, et, à un tour près, je fus toujours de tranchée. Mgr l'Électeur me faisait l'honneur, par la connaissance que j'ai de la fortification, de me faire appeler dans les délibérations. S. A. Électorale avait formé un projet bien conçu et bien digéré, et, s'il avait eu les suites heureuses que naturellement nous en devions attendre, il est constant que nous serions à présent dans Bruxelles, mais le ciel ne l'a pas voulu. Nous avons essuyé tant de contretemps au-dessus de nos forces, que nous n'avons pu les vaincre. Je ne doute pas, Monseigneur, que vous ne serez déjà instruit du mauvais succès de cette entreprise et des raisons de notre retraite précipitée, mais je me fais un devoir de vous faire un détail de ce qui s'y est passé et de ce qui a le plus contribué à notre malheur. Une des premières causes a été une pluie froide, qui a tellement rompu les chemins et fatigué les troupes qu'elles n'ont pu avancer autant qu'on l'aurait souhaité. L'artillerie, malgré tous nos efforts, n'a fait qu'en cinq jours ce que nous avions compté qu'elle ferait avec facilité en un seul : elle était mal attelée, tirée par des chevaux de paysans, et j'ai vu 50 chevaux à une pièce de 24 qui ne purent jamais la mener en batterie à cause du mauvais terrain ; aussi n'y fut-elle menée qu'à force de bras.

L'assemblée de l'armée se fit à Hal le mercredi 21 de ce mois, que S. A. Électorale et M. le comte de Bergeyck s'y rendirent avec l'artillerie. Le jeudi 22, l'armée quitta la chaussée, passa la Senne et ne put venir que jusques à Stalle à cause des mauvais chemins. Le vendredi 23 fut un grand jour de pluie : l'armée s'avança et vint camper sur les hauteurs de Bruxelles près d'Etterbeck. Le mauvais état où les mauvais chemins et le mauvais temps avaient mis les troupes et les armes ne permit pas de rien entreprendre ce soir-là. Le samedi 24, S. A. Électorale trouva bon qu'en attendant l'artillerie, qui tardait beaucoup, l'on travaillât du moins à élever une batterie, ce qui fut exécuté cette nuit-là. Pour cet effet on ouvrit une tranchée sur les 9 heures du soir. J'entrai de tranchée, et nous fîmes une batterie pour 12 pièces et 2 mortiers, et l'on tira à droite et à gauche une ligne pour la couvrir, et qui formait une espèce de parallèle aux ouvrages de la place. Le lendemain, dimanche 25, 8 pièces furent menées en batterie pendant la nuit et à force de bras ; elles tirèrent le jour suivant 25, sur les 9 heures du matin. L'on projetait de rompre une muraille de brique sèche qui est derrière l'enveloppe de la ville et qui ferme le parc de Bruxelles ; l'on voulait entrer par là dans la ville brusquement, passant entre les dehors dont les fossés sont très profonds et les ouvrages très élevés. Les ennemis furent surpris de notre arrivée, mais le retard de notre artillerie nous fit perdre beaucoup de temps et leur donna celui de revenir de leur premier étonnement et de rappeler des troupes voisines dans leur place de manière que l'infanterie du dedans, à ce que nous apprîmes, était de 6,000 hommes et pour le moins aussi forte que celle du dehors. La tranchée et la batterie que nous fîmes découvrirent notre dessein et le lieu par où nous espérions forcer. Aussi les ennemis apportèrent-ils toute leur attention de ce côté-là ; et, non seulement ils redoublèrent leurs gardes, mais ils y élevèrent plusieurs batteries qui nous ont extrêmement incommodés jusques à la fin, et obligé même S. A. Électorale d'abandonner son quartier, l'appartement propre qu'il occupait ayant été percé à diverses fois du canon.

Les ennemis remplirent aussi leur chemin couvert d'un bien plus grand nombre de troupes pour le défendre : il nous était absolument nécessaire d'avoir ce chemin couvert pour nous ouvrir le passage à la muraille. Nous n'avions pas le temps de faire un siège dans les formes : notre ligne et nos batteries étaient encore très éloignées du chemin couvert. S. A. Électorale trouva à propos de le faire attaquer vivement, de s'y loger sur la pointe de l'angle saillant de la demi-lune, et qu'après y avoir établi notre logement, l'on travaillât en arrière, en tirant à droite et à gauche une ligne qui vînt communiquer à celle de notre batterie. Je rentrai ce jour-là de tranchée ; l'attaque commença sur les 8 heures du soir et s'exécuta heureusement. Nos détachements de grenadiers entrèrent brusquement dans le chemin couvert, en chassèrent les ennemis, les poussèrent dans le fossé et se rendirent maîtres du terrain que l'on souhaitait. L'on travailla ensuite à se loger au moyen des fascines et des sacs à laine que M. le comte de Bergeyck avait eu la prévoyance de faire amener de Mons. Ce fut en cette action que nous remarquâmes très bien de quelle importance il est, pour une attaque vive et brusque, comme était celle-ci, où nous n'avions pas le temps de suivre les règles ordinaires, de n'y employer que des troupes d'élite accoutumées au feu et de ne les point mélanger avec de nouvelles troupes de garnison qui n'ont encore rien essuyé et qui ne sauraient de plein saut s'accoutumer à un feu aussi intimidant que celui d'un chemin couvert attaqué, et surtout de celui-ci où le canon des ennemis tira presque toujours. L'on commença à faire le logement ; mais la plupart des travailleurs intimidés abandonnèrent le travail. M. de Grimaldi, lieutenant général qui commandait la tranchée, se donna des mouvements et des soins extraordinaires pour le succès de cette affaire ; il donna ses ordres avec beaucoup de netteté, entra dans les plus petits détails et faisait remplacer les vides par de nouveaux travailleurs qu'il envoyait de temps en temps pour soutenir les premiers, mais la proximité des haies voisines donnait tant de facilité aux travailleurs de s'y sauver et de s'y cacher que l'on ne put les en empêcher ni les en tirer, de manière que, le logement ne pouvant pas s'avancer autant qu'on le souhaitait, on se borna à une partie. Les ennemis redoublèrent leurs gardes et leur feu qui fut terrible. Nos grenadiers y répondirent toujours vivement, mais les ennemis nous jetaient force grenades, nous n'en avions point et ce fut par là qu'ils nous firent le plus de mal et que leur feu devint supérieur au nôtre et que nous perdîmes beaucoup de monde, particulièrement les ingénieurs qui furent tous tués ou blessés, ce qui fit encore du tort au travail qui n'était plus conduit. Je vins le reprendre et le soutenir moi-même ; je fis travailler aux communications qu'il était de la dernière importance d'établir pour nous faire une retraite et une sûreté jusques à nos batteries. J'animai le reste de nos travailleurs à se diligenter et ramenai dans leurs postes quelques troupes qui en avaient été repoussées, mais un moment après je fus blessé d'un éclat de grenade sur les côtes gauches, dont je souffre beaucoup mais que j'espère qui n'aura pas de mauvaise suite. Mes habits, et surtout une veste de peau, arrêtèrent la grande violence du coup. Je ne fus plus en état d'agir, et l'on me porta hors de la tranchée un peu avant le jour ; j'ai su que les ennemis firent de si grands efforts qu'enfin ils obligèrent nos troupes d'abandonner leur travail.

M. l'Électeur a été très vivement touché de ce mauvais succès, qui a affligé tous les bons Français. S. A. Électorale s'était donnée partout de très grands mouvements, à la marche de l'artillerie, à la tranchée et aux batteries, animant les soldats par sa présence et par ses libéralités, venait (1) à tout moment nuit et jour à la tranchée visiter les travaux et examiner si rien ne manquait et si ses ordres étaient suivis, mais le mauvais temps nous accablait. Jamais l'infanterie n'a tant souffert par la pluie, par le froid et par la fatigue. Les soldats étaient vingt-quatre heures un pied avant dans la boue, sans pouvoir se chauffer. Il n'y avait pas de quoi relever la tranchée, et il fallut prendre de ceux qui la descendaient pour remplir le nombre de ceux qui la devaient monter. Toutes les troupes, en général, ont marqué dans l'action beaucoup de bonne volonté, et l'on doit beaucoup de louanges aux grenadiers de notre armée et à ceux qui nous étaient venus de l'armée de Mgr le duc de Bourgogne, commandés par M. de la Hire, lieutenant-colonel de Brendlé ; les régiments de Provence et de Beaufermé ont très bien fait de toutes manières, et l'on a sujet de se louer d'un chacun. Tous MM. les généraux se sont donné partout de grands mouvements, et il n'a pas tenu à leurs bons soins et à leurs bons ordres que l'affaire n'ait réussi. Si on l'avait entreprise plus tôt de huit jours seulement et avec plus de troupes, nous aurions eu le beau temps; rien n'aurait retardé ni rompu nos mesures, et, à coup sûr, nous serions venus à bout de cette entreprise. Nous avons

(1) *Sic.*

perdu dans cette action beaucoup de grenadiers et de soldats et bien d'honnêtes gens, entre autres M. de Beaufermé, colonel qui commandait les grenadiers, homme d'un mérite distingué, M. de Nevestein, ancien officier d'infanterie espagnole, ingénieur brigadier, et depuis plusieurs années retiré au château de Namur, dont il était lieutenant du Roi ; le sieur Stampion, ingénieur général de la Flandre espagnole, homme de capacité dont nous n'avons aucune nouvelle (il était avec nous à Gand dont il dirigeait les travaux et en partit avec nous pour cette expédition) ; un ingénieur français à Condé, en chef, vieil officier estimé. A l'égard des autres ingénieurs, ils ont tous été blessés. Cette affaire a été très vive et le feu a duré huit à dix heures consécutives.

Je ne vous marquerai point ici, Monseigneur, le nom des officiers et soldats morts ou blessés, parce que je n'en ai pas encore le détail, que ma blessure et notre prompte retraite ne m'ont pas encore permis de me le faire donner, mais j'aurai l'honneur de vous en envoyer un état incessamment. L'on eut, après l'action, nouvelle que les ennemis avaient passé l'Escaut, que Saint-Ghislain avait été surpris. D'ailleurs, Mons se trouvait sans aucune troupe. Tout cela obligea S. A. Électorale à partir en diligence pour se rendre ici, où elle arriva hier de bonne heure. On se retira avec précipitation sans rien emmener ; on laissa l'artillerie et les munitions sur le lieu ; les troupes partirent sur le minuit ; la cavalerie arriva hier ici et l'infanterie ne put venir que jusques à Binche, et elle s'est rendue aujourd'hui ici. M. d'Hautefort arrive aussi en ce moment dans ce voisinage, avec les troupes qu'il amène d'auprès d'Audenarde. L'on doit attaquer dès aujourd'hui Saint-Ghislain et en chasser les ennemis qui s'y fortifient depuis trois ou quatre jours. Je ne sais point encore quelle sera la destinée des troupes que l'on a tirées de Gand et quand l'on nous y renverra. C'est de quoi j'aurai l'honneur, Monseigneur, de vous rendre compte dès que j'aurai reçu quelques ordres là-dessus.

J'ai, etc.

BUISSON.

M. de Curty, lieutenant-colonel de Provence, très brave homme, a eu le poignet cassé (1).

(1) Volume 2084. Arch. hist.

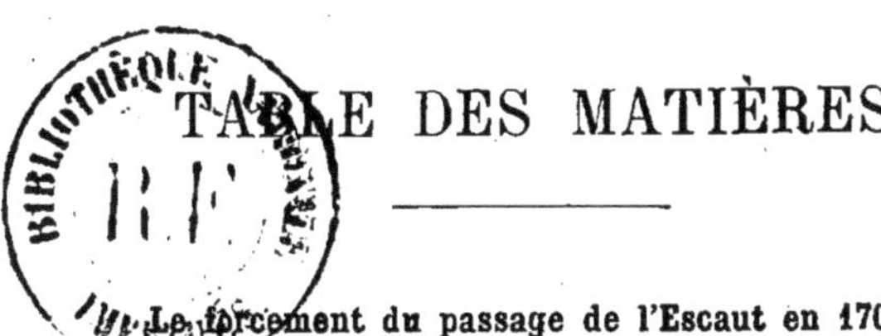

TABLE DES MATIÈRES

Le forcement du passage de l'Escaut en 1708.

PIÈCES JUSTIFICATIVES

APPENDICE I

Lettres relatives aux inondations et à la visite de l'Escaut.

APPENDICE II

Lettres relatives au passage de l'Escaut.

APPENDICE III

Lettres relatives à l'attaque de Bruxelles.

PARIS. — IMPRIMERIE R. CHAPELOT ET Ce, 2, RUE CHRISTINE.

CAMPAGNE DE 1708 EN FLANDRE

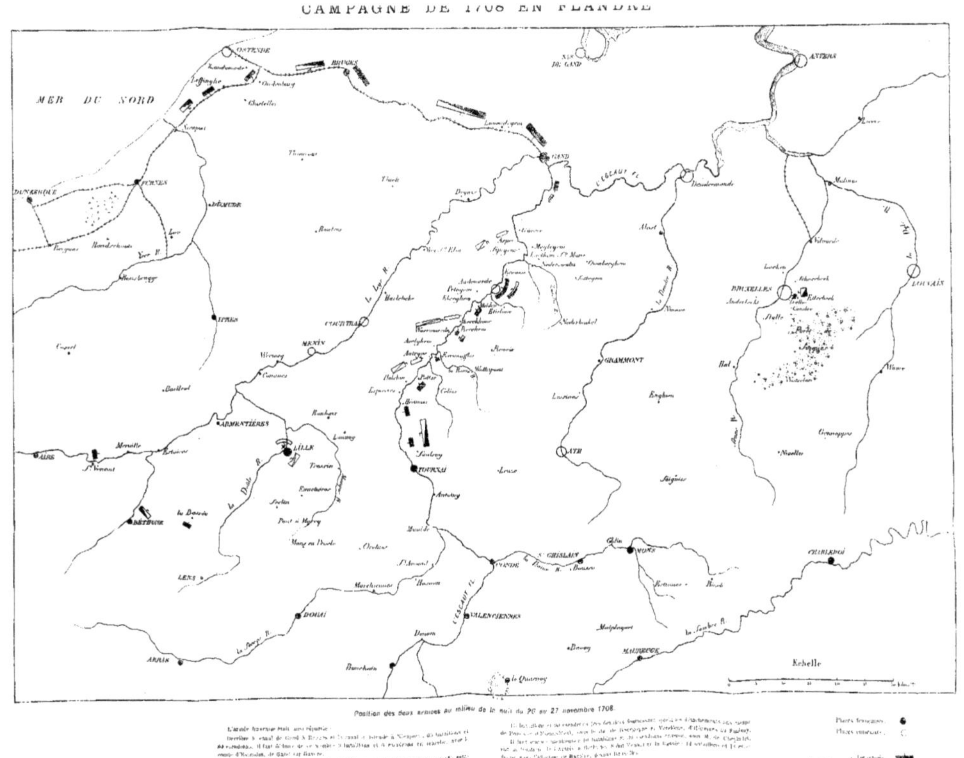

Position des deux armées au milieu de la nuit du 26 au 27 novembre 1708.

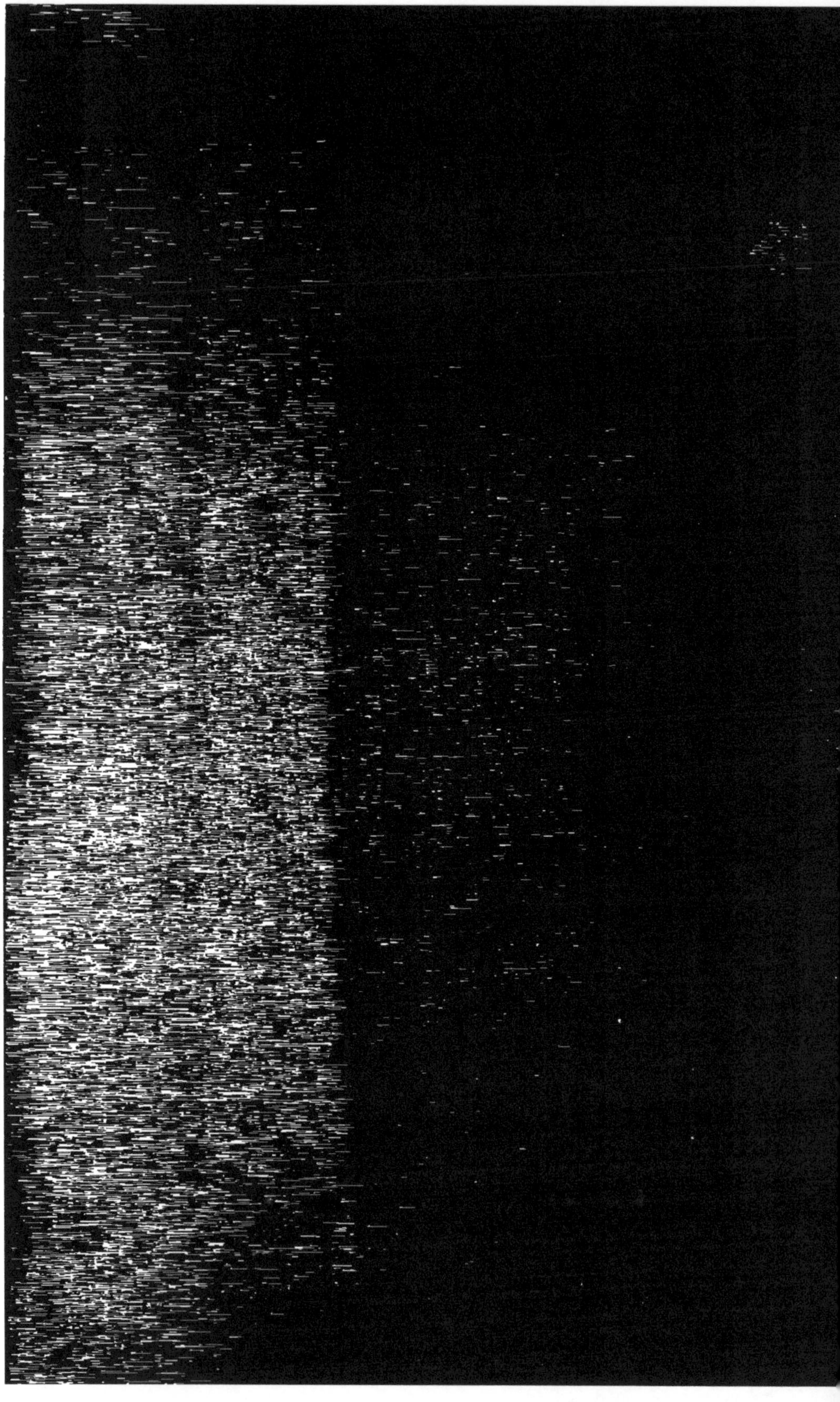

A LA MÊME LIBRAIRIE

Paris. — Imprimerie R. Chapelot et Ce, rue Christine, 2.

www.ingramcontent.com/pod-product-compliance
Ingram Content Group UK Ltd.
Pitfield, Milton Keynes, MK11 3LW, UK
UKHW012230240726
13966UKWH00003B/1045

9 782011 913074